本书由宁海县教育局专项资金资助出版

让每一颗星星都闪亮
基于STARS教育特色的学校发展之路

Rang Mei Yi Ke XingXing Dou ShanLiang

顾亚莉◎著

STARS教育是有灵魂的教育，基于STARS教育的学校发展之路是有特色的学校发展之路。做有灵魂的教育，办有特色的学校，心向往之，行之弥坚！

光明日报出版社

图书在版编目（CIP）数据

基于 STARS 教育特色的学校发展之路 / 顾亚莉著.
-- 北京：光明日报出版社，2018.11

（让每一颗星星都闪亮）

ISBN 978 - 7 - 5194 - 4751 - 9

Ⅰ.①基… Ⅱ.①顾… Ⅲ.①小学教育—教学研究

Ⅳ.①G622.0

中国版本图书馆 CIP 数据核字（2018）第 254335 号

基于 STARS 教育特色的学校发展之路
JIYU STARS JIAOYU TESE DE XUEXIAO FAZHAN ZHILU

著　　者：顾亚莉

责任编辑：宋　悦　　　　　　　　责任校对：赵鸣鸣
封面设计：中联学林　　　　　　　责任印制：曹　净

出版发行：光明日报出版社
地　　址：北京市西城区永安路 106 号，100050
电　　话：63131930（邮购）
传　　真：010 - 67078227，67078255
网　　址：http://book.gmw.cn
E - mail：songyue@gmw.cn
法律顾问：北京德恒律师事务所龚柳方律师

印　　刷：三河市华东印刷有限公司
装　　订：三河市华东印刷有限公司
本书如有破损、缺页、装订错误，请与本社联系调换，电话：010 - 67019571

开　　本：170mm×240mm
字　　数：186 千字　　　　　　　印　张：15
版　　次：2019 年 1 月第 1 版　　印　次：2019 年 1 月第 1 次印刷
书　　号：ISBN 978 - 7 - 5194 - 4751 - 9
定　　价：48.00 元

序

做有灵魂的教育，办有特色的学校

"做有灵魂的教育，办有特色的学校"是我的办学梦想与追求。

2013年，因缘际会我受命担任星海小学首任校长，此事对于社会来说是微不足道的，可对我个人来说却是人生中一次重大的挑战。星海小学坐落于宁海城区的东部，东倚美丽的杜鹃山，西接繁忙的星海路。作为当地政府重要的民生工程，有效地解决了城区学校学额爆满的现实问题。当年一次性投资了近一个亿，有着当时最为先进的设施和设备。前后都将开发高档的别墅区与住宅区，学校的发展前景无比美好。面对这样一所新学校，责任感和使命感油然而生。

一切从零开始，连新老师在哪里都不知道，有那么一段时间我惴惴不安，觉得自己就像船长，却不知道船要开向何方。心中暗自企盼千万不要像"泰坦尼克号"那样触礁，带着这样的担忧和惶恐，我谨慎地思考办学的理念和目标，听看教育名家的办学心路历程，徜徉在教育名家的办学智慧中。独立思考和参考他人的办学经验，就成了我初任校长时的第一堂必修课。理念不主动，行动永远也主动不了；没有理念、没有理论、没有思想指引的学校，是没有灵魂的学校。因此，办学思想地图必须是最先绘制的，而且要在之后的实践中不断地修订，这张思想地图的目标指向必须是明确的，它必须是一所孩子们喜欢的、有自己独特个性的学校，是一所能给予孩子们快乐童年的学校。于是我的办学思想地图上出现了一句话：日星日新，让每一颗星星都闪亮。

有了这个核心思想，就仿佛有了前行的方向，离梦想中有特色的好学校，似乎又近了一点点，我们可以就学校和学生的那些事儿，充分发挥自己的想象。

理想的学校，不仅要拥有设施齐全的学校建筑、美丽舒心的校园，更应该是有助于培养学生成为健全人格、拥有正确教育理想的学校。理想的学校是对每一个学生因材施教，帮助每一个孩子成为一个完整而有个性的人的学校。理想的学校，应该是保护每一个孩子的创造力，那些不能保护孩子童年，甚至剥夺孩子童年快乐的学校，一定不是好学校。

理想的学校的教师必须热爱自己的职业，而非以谋生为目的，或抱无所谓的态度；因材施教、了解和帮助学生是他们每天的生活状态。理想的学校的教师积极主动，他们不需要被别人催着、逼着、指挥着、控制着，而是将主动进取、和谐合作、细微工作视为自己真正的天职，努力推进对整个学校有益的工作。理想的学校的教师是视教育为自己的兴趣，嫉妒与对立、争吵与拖延、推诿、苟且都很难成为一种普遍现象，一时的激愤或表面上的不和则会很快地被正确的教育价值理念和和谐的教育氛围所驱散。

理想的学校的教师会充分关注每一个孩子，能顾及每一个孩子的心灵感受，耐心细致并智慧地研究每一个孩子，观察每一个孩子的兴趣、能力和性情，还要了解孩子成长的困难，考虑其所受遗传因素和家庭因素的影响。理想的学校，还要让学生有自主选择的机会，为将来学生自己的生涯规划做准备，让他们从小学会谨慎地、无私地、理智地对待日常生活中的困难，并在与他人的相处中学会体谅别人，具有耐心，从而更懂得生活。

　　STARS 教育是有灵魂的教育，基于 STARS 教育的学校发展之路是有特色的学校发展之路。做有灵魂的教育，办有特色的学校，心向往之，行之弥坚！

目　录
CONTENTS

第一章　梦起星海 ·· 1

第一节　教育现状的反思　1

一、不该有的重压　1

二、不应有的缺失　3

三、不复存在的思维　7

四、不再有的个性　10

第二节　教育应该的模样　12

一、立德树人　12

二、快乐学习　15

三、全面发展　19

四、个性张扬　22

第三节　理想中的好学校　25

一、好学校看得见摸得着　25

二、满足孩子的兴趣爱好　26

三、回应每位家长的质疑　28

四、促进学校可持续发展　30

第二章　构筑星空 ·· **33**

第一节　文化的愿景写真　33

　　一、明晰办学理念　33

　　二、把脉学校发展　34

　　三、打造学校品牌　35

　　四、锻造教师团队　35

　　五、设计美好生境　36

第二节　文化的视觉符号　37

　　一、视觉符号的创意　37

　　二、设计主旨的明确　38

　　三、源于主体的视角　39

第三节　文化的价值引领　40

　　一、文化在教师的头脑中蕴藏　40

　　二、文化在校本课程中体现　43

　　三、文化在家长的叙事中传播　45

第四节　文化的实践反思　47

　　一、文化在细节中的生命　47

　　二、文化在反思中的成长　48

　　三、文化在实践中丰富　51

第三章　点亮星星 ·· **54**

第一节　课程理念　54

　　一、基本主张　54

　　二、校情分析　60

　　三、目标定位　62

第二节　课程架构 64

　　一、课程设置 64

　　二、课程架构 65

第三节　课程实施 73

　　一、以生为本，计划先行 73

　　二、过程管理，重视评价 76

　　三、错班错龄，个群并存 77

第四节　课程评价 80

　　一、评价理念 80

　　二、评价主体 81

　　三、评价内容 81

　　四、评价方法 90

第四章　星光闪亮 …………………………………… **93**

第一节　德育的价值认识 93

　　一、建设新时代中国特色社会主义的需要 93

　　二、推动"人的全面发展"的需要 96

第二节　德育的实践架构 100

　　一、设计理念 100

　　二、实践架构 102

第三节　德育的实践策略 105

　　一、各项规则的制定 105

　　二、各类特色活动列举 114

第四节　学生的道德评价 125

　　一、荣誉的评判与变革 125

二、教育机会的均衡获取　127

三、奖惩手段的合理运用　128

第五章　星火相传 ·· **131**

第一节　认之以职　131

一、交往的自信　134

二、信任的力量　135

三、行动的意义　136

第二节　启之以梦　140

一、以梦想开启梦想　141

二、以温情唤醒温情　142

三、以阳光营造阳光　143

第三节　行之有规　144

一、明制度，行有规范　145

二、学法规，坚持操守　145

三、读经典，形成素养　146

第四节　学之有法　146

一、厘清教师素质结构　147

二、搭建教师成长平台　147

三、重视青年教师培养　149

第六章　星光灿烂 ·· **152**

第一节　评价的目标指向　152

一、身心指向：做一个阳光健康的"善人"　153

二、需要指向：感受被身边的人关注　153

三、社会指向：建立新型同伴关系 154

四、价值取向：认知自我寻求发展 154

第二节 评价的原则坚守 155

一、全面评价：让评价更具引领性、普遍性和完整性 155

二、分类评价：让评价更具科学性、针对性和人文性 156

三、多维评价：让评价更具适切性、个别性和立体感 157

四、隐秘评价：让评价更具安全性、私密性和人性化 157

第三节 评价的模式架构 159

一、多元评价的模式 159

二、评价体系的基本架构 159

第四节 评价的操作方式 161

一、学识指向的课程学习评价 161

二、能力指向的综合应用测试评价 164

三、德行指向的道德认识与道德实践评价 165

第七章 双星拱日 ·· 169

第一节 创造学习共同体 169

一、理解儿童，教育的第一步 169

二、家庭教育中的学生观 172

三、学校教育中的学生观 175

四、打开围墙，连接家校 178

第二节 基于家校伙伴关系的实践模式 182

一、以学校为主导的家校合作实践模式 182

二、以教师为主力的家校合作实践模式 184

三、以家庭为补充的家校合作实践模式 186

第三节　基于家校伙伴关系的实践案例　191

一、学年度合作行动计划　191

二、家长助教系列　192

三、爱心实践　197

第四节　合作要点　198

一、保持理念传递的专业性　199

二、保持合作关系的适度性　199

三、保持学生受益的首要性　200

第八章　圆梦星海 ················· **201**

第一节　教师推动学校发展　201

一、心怀教育事业理想　201

二、追求专业发展高度　203

三、崇尚师生个性张扬　205

四、坚持同伴携手共进　206

第二节　学校是孩子成长的乐园　207

一、多空间成长体验绽放笑容　207

二、多选择学习生活张扬个性　211

三、多网络重构关系润塑人格　214

第三节　每个孩子都是成功的自己　219

一、快乐自信是我们的标记　219

二、合作探究是我们的风格　221

三、感恩交往是我们的乐趣　222

四、兴趣特长是我们的追求　223

后记　感恩际遇 ················· **225**

第一章

梦起星海

儿童，应该有儿童的本色。可是在纷扰的尘事中，急功近利早早掠走童话里那一份宁静，焦虑绑架了自由。立德树人，树人为上。还孩子以天性与自由，在经历成长之过程与结果的愉悦体验中，发展其多元的能力与素养，为其本身做出智力、心理和社会性的诸多储备。STARS 教育，作为星海人的教育主张，行走在为每一个孩子编织灿烂星光的道路上，怀揣着美丽的教育情怀，悉心培育可爱的幼苗，梦想着 STARS 教育能开出绚丽之花，锻造出颗颗闪亮之星。星海人，秉持着责任与担当，智慧与勇气，梦想起航于璀璨星海。

第一节　教育现状的反思

一、不该有的重压

（一）学业负担重

目前，小学生学业负担重，已经成为教育界普遍关注的问题了。"素质教育"的概念已经提了很久，但是目前看来，还没有收到很好的效果，学生的学业负担还是越来越大，究其原因，一是目前教育制度的原因。已故国家图书馆馆长任继愈感叹道："跟蒸包子一样一屉一屉的，出来一个模样。"一味追求学习成绩，孩子们只能在小小的年龄，就背上大大的书包，游走于各个辅导班之间。二是学校教育的原因。我们往往忽视了个体的差异，《拯救男孩》中说道："从生理学的角度来看，上学开始的那一天，男孩在读写能力发育上就比女孩晚两年。"若要求男孩和女孩在相同时间内以同样的方法学习同样的知识，这对于男孩来说是非常困难的。推广开来，每个教育对象在注意力、思维等方面都具有独特性，因此我们不能一刀切。再者，社会、家长的推波助澜，更加大了孩子的学习压力。孩子们自上幼儿园起，就开始了艰难的"寒窗生涯"，他们被"望子成龙"的家长们带去上舞蹈班、钢琴班、书法班、英语班……这些特长班大多都是家长单方面的意愿，而不是孩子的兴趣所在。

记得一位老教授说过："学习不能超前，也不能速成，否则孩子无童年，青年无青春，中年无乐趣，老年无安闲。"苏霍姆林斯基也曾说过："想克服负担过重现象，就得使学生有自由支配的时间。"我们承担的压力已经太多了，没有理由还要让孩子们稚嫩的肩膀挑起如此沉重的担子。

（二）厌学情绪滋生

学习压力大，容易使孩子对学习失去兴趣，滋生厌学情绪，表现为：不能认真听课，不愿主动完成作业，怕考试，甚至恨书、恨老师、恨学校，旷课逃学。新课程改革提倡多元评价体系，如果过分强调分数，那么我们的孩子都将变成"高分低能"的学习机器；如果过分强调分数，而忽视了孩子其他方面的特长，有些孩子可能长期得不到老师的肯定，厌学情绪会更加严重。周作人在《北京的茶食》中这样写道："我们于日用必需的东西以外，必须还有一点无用的游戏与享乐，生活才觉得有意思。我们看夕阳，看秋河，看花，听雨，闻香，喝不求解渴的酒，吃不求饱的点心，都是生活上必要的——虽然是无用的装点，而且是愈精炼愈好。"虽然先生的这一段话是谈论茶食的，但对于如今的教育也是非常受用的。孩子们的学习不应该是功利的、强迫的，而应该是快乐的、自主的。

（三）学习被动缺乏热情

被动学习是一种任务式学习，学习者认为是在完成别人交给的任务。这些学生对学习、对自己的学习成绩和别的同学的学习成绩，抱着某种消极的、漠不关心的态度。具体表现为：学习目标不够明确，学习态度不够认真，缺乏主动性，对学习没有兴趣。在课堂上他们不能自始至终认真听讲，参与课堂活动，学习比较情绪化，不愿做笔记，不善于提出问题，课下他们也不认真完成老师布置的作业。苏霍姆林斯基说过："掌握知识和获得实际技巧是儿童在老师指导下进行的一种复杂的认识活动。强烈的学习愿望、掌握知识的愿望，是这一活动的重要动因。"孩子们本是求知若渴的年龄，而在高负荷下，他们对学习缺乏主动的热情，这样的被动学习让人担忧。孩子们学业负担过重，在不该有的重负下，厌学情绪滋生、学习被动缺乏热情。那个天真烂漫、求知若渴的孩子不复存在，孩子们变得不再像孩子！

二、不应有的缺失

"唯德学，唯才艺，不如人，当自砺。若衣服，若饮食，不如人，勿生戚……"《弟子规》等儿童启蒙读物仍响彻耳畔，孔融让梨的故事仍口耳相传。我们在感佩曾经的孩子们美德的同时，也在戚戚于如今孩子的自私自利、不负责任、不懂分享……如今的孩子们除了失去那一份天真烂漫，还逐渐失去了传统的美德，变得不再像孩子。其中一个重要的原因就是家庭代际关系走样。"代际关系"，即两代人之间的人际关系。通常一代指 20 年，但代际关系的两代，泛指老年人与年轻人，如家庭中的父母辈或祖父母辈与儿女、孙子、孙女辈的关系。代际关系既可发生于家庭中，也可以是社会范围之内的。家庭范围之内的代际交换是家庭代际关系的重要规律，即父母一代给予子女一代以经济或服务性帮助，而子女则给予父母一代以感情上的慰藉和尊重。但是，这种交换往往是不平衡的，会产生代际矛盾。

（一）溺爱，使孩子人格缺失

英国教育界有句名言："溺爱的双亲应该记住：每样事都替孩子做，不希望孩子做什么事，这是对他有害的。孩子通常不需要娇养，他们要能尽职负责，过度的溺爱与娇养其结果是侮辱。"溺爱下的孩子，会是怎样的呢？有这样两个例子：有一个二年级的小男孩，有一天放学回家想吃香蕉，吵着让正在厨房里煮饭的奶奶为他拿香蕉并剥皮，老人家正忙得脱不开身，就说："你自己拿吧。"这时小男孩就大吵大叫，自己动手剥皮，吃完香蕉后故意将皮丢了一地，还感到很委屈。还有一个三年级的小女孩，睡觉前，她告诉妈妈，她要喝一杯牛奶才肯睡，妈妈告诉她家里已经没有了，明天去买。她就不依不饶，大哭大叫。妈妈一再强调家里真的没有了，并答应她天亮了商店一开门就去给她买，可是小女孩就是不答应，哭得肝肠寸断。

以上两个例子中两个小孩的所作所为，就是家长溺爱孩子所致。孩子要什么家长就给什么，这种孩子被轻易满足，必然养成任性、自私、不体贴他人的性格。溺爱孩子，会使孩子变得自私自利、骄横乖张、做事懒散、不懂礼节、目无长辈、害怕挫折、懦弱不堪……"溺"，意为"淹没"。如果父母的爱像洪水一样毫无节制，最终会淹没孩子，导致孩子人格缺失。

（二）过度保护，使孩子人格缺失

过度保护，即代替孩子解决孩子自己能解决和应该解决的问题。过度保护下的孩子，又会是怎样的呢？我们也来看两个例子。阳阳，一个9岁的小男孩，胆子很小，看到小猫、小狗、毛毛虫、蜘蛛都会害怕，晚上不敢一个人睡觉，睡觉前一定要开着灯。胆子小，是过度保护的后果。家长们总是格外小心，生怕孩子出问题，"不要动那个，有危险""小心，不要跑"等这些话是家长们的口头禅。孩子只要有一点冒险行为，家长就会很紧张，不断地提醒孩子要小心。金韵蓉在《爱在左，管教在右》这本书里说："恐惧是孩子原始的情绪之一，我们一定要接纳他，让他感到安全，而不是排斥或冰冷地训练他。"如果不去缓解孩子的恐惧，而是不断警醒孩子危险，这样的过度保护，会使孩子越来越胆小怯懦。笑笑，是一个8岁的小女孩，上课很少举手发言，偶尔发言时，声音很小，也很少在班级展示，如迫不得已要展示，也显得不够自信。缺乏自信，也是过度保护的后果。孩子在成长过程中，遇到自己能解决的问题，应该自己去解决。如果成功了，他能从中获得成就感，形成良好的自我评价；如果失败了，他可以获得经验，增强阅历。然而，许多家长担心孩子犯错误，担心孩子累着、伤着，担心孩子是否吃饱穿暖，担心孩子是否快乐，担心孩子跟什么人交朋友……于是他们就替孩子解决问题。过于关心和担心孩子的父母，往往对孩子的生活有过多的限制和压制，导致孩子不敢尝试，不敢冒险。这样的过度保护，会使孩子越来越缺乏自信。

（三）人格缺失，影响孩子社会化的进程

西方心理学者研究得出：儿童的社会化发展首先是从家庭开始的。在家庭中通过父母的影响及指导，儿童获得了最初的生活经验、社会知识、行为规范。如果家庭代际关系走样，孩子的社会化发展必然会受到影响。日本心理学家认为，父母如果对儿童采取保护、非干涉性、合理、民主及宽容的态度，儿童就显示出具有领导的能力、积极的情绪、态度友好等个性品质；相反，儿童则显示出适应能力差、依赖、情绪不安等个性品质。由此可见，家庭的教养方式对孩子社会化发展起着重要的影响作用。

家庭教养方式，最常见的分类有：溺爱型、专制型、放任型和民主型。

溺爱型。上文已经提到过，溺爱，会使孩子变得自私自利、骄横乖张、做事懒散、不懂礼节、目无长辈、害怕挫折、懦弱不堪……这将不利于孩子健康成长。孩子一旦出现这种人格缺失，他的依赖性会越来越强，独立性会越来越弱，社会适应能力也会越来越差，最终阻碍其迈向社会的脚步。

专制型。专制型的教养方式与上文提到的"过度保护"类似，专制型的家长对孩子的行为过多地干预，经常采取强制手段让孩子听命于父母，漠视孩子的兴趣和意见，压制其独立性、创造性，不允许孩子对自己的事情有发言权，要求子女随时都要遵守父母的规定。孩子长期处于这种"管教"之下，会出现情绪不稳定、缺乏同情心、社会责任感不强等人格缺失，势必会影响其社会化的发展。

放任型。放任型的教育方式，即父母任孩子自由地、不受约束地发展，他们虽然也与孩子进行交流和沟通，但对孩子的行为没有具体的规定和要求，很少奖励或惩罚。在这种环境中成长的孩子，会出现孤僻、待人冷淡、情绪低沉、缺乏理想等人格缺失，导致社会性发展不成熟。

民主型。民主的教养方式主要表现为父母把孩子作为独立的个体，注意培养孩子的主动精神，培养他们的自理、自制能力，对孩子的期望、要求及奖励、惩罚等比较恰当，经常与孩子进行思想与价值观的交流与沟通，尊重、听取孩子的意见，及时纠正自己在教育孩子中的失误。这种教养方式，家长与孩子处于平等的地位。在这种环境中成长的孩子，性格外向、情绪稳定，具有强烈的同情心、事业心、责任感和成就感，完成了社会性发展的进程。

家庭代际关系走样，溺爱、过度保护会导致孩子人格缺失，影响其社会化进程。我们呼唤民主型的教养方式，我们期待良好的家庭代际关系。

三、不复存在的思维

在现代技术环境中，电子文化进驻了生活的每一个角落，并且形成了一个巨大的网络。现代高科技在改变着传统文明的同时，也在不知不觉间影响着人们的思维。

（一）快餐阅读，让孩子的思维不复存在

快餐文化，比喻追求速成、通俗，短期流行，不注重深厚积累和内在价值的文化思潮和文化现象。现代技术环境下，社会节奏越来越快，快餐阅读逐渐演变为一种时尚，冲击着传统的阅读方式。

因其"快"，孩子们逐渐失去了对语言、文字的感悟能力。木心先生写过一首小诗——《从前慢》："记得早先少年时/大家诚诚恳恳/说一句 是一句//清早上 火车站/长街黑暗无行人/卖豆浆的小店冒着热气//从前的日色变得慢/车，马，邮件都慢/一生只够爱一个人//从前的锁也好看/钥匙精美有样子/你锁了 人家就懂了"。从前的节奏很慢，我们有生活的热情，有欣赏美的眼光和心境。现在的节奏很快，我们来不及阅读，来不及获取信息；我们的孩子来不及可爱，来不及天真烂漫，来不及自由嬉戏，他们喜欢电子产品那花花绿绿、变幻多彩的屏幕，却不喜欢手捧一本经典品味墨香。孩子们被快餐阅读所吸引，没有时间品味"大漠孤烟直，长河落日圆"的广袤，没有时间品味"暮春三月，江南草长，杂花生树，群莺乱飞"的美丽。金波先生在《儿童创作札记》一文中对儿童诗有一段精彩的论述，他说："儿童诗的美是具体的，它依附于艺术形象之中。正如'红'依附于朝霞、苹果、花朵；'绿'依附于春草，翠柳；'蓝'依附于大海、晴空。"现在的孩子过分追求图像的感官刺激，对于"青草""翠柳""大海""晴空"却表现淡漠，更不会在眼前出现一幅绝美的画面。孩子们正逐渐失去对语言、文字的感悟能力，逐渐失去对生活的热情，对美的想象和追求。

　　因其"快"，孩子们逐渐丧失了思考的能力。"快餐式阅读"随着现代人生活节奏的加快而兴起，并越来越受到孩子们的青睐，许多孩子不肯阅读名著，只选择那些有图片、视频的电子读物。这样，不仅会使孩子的语言、文字表达能力退化，甚至逐渐丧失独立思考的能力。阅读经典，能够提升孩子的思考能力。如金波先生的《雨点儿》这篇小散文，小雨点儿说："我要去有花有草的地方。"大雨点儿则说："我要去没有花没有草的地方。"小雨点儿和大雨点儿两个截然不同的回答，正是本篇小散文里所蕴含的"不同况味"，也是孩子们需要动动脑筋认真思考的地方。再如《绿野仙踪》中的"奥芝国"是这般奇妙："漂亮的屋子，坐落在各个街道上，这些屋子完全是用绿色大理石建造成的，到处都可以看到用闪闪发光的翡翠做成的装饰品。他们走在绿色大理石铺砌成的人行道上。人行道是用一块一块的翡翠紧密地铺砌而成的，每一块翡翠都被太阳照得闪闪发光。房子上一块块的窗子，都是用绿色的玻璃做成的，这整个城市上的天空，都发出一种淡淡的绿色，感觉太阳光都被染成绿的了。"再联系编者的话，他说：

"如果要找一个属于美国人的桃花源，那一定非《绿野仙踪》中的奥芝国莫属。"怎么会有"美国人的桃花源"？"桃花源"最早出现在哪里？"桃花源"究竟是怎样的？会动脑筋思考，才是会阅读的人。阅读经典，能够培养孩子的思考能力。而快餐阅读，只能带给孩子图像的感官刺激，孩子们不仅逐渐失去了对语言、文字的感悟能力，失去了联想和想象的能力，也丧失了思考的能力。

（二）思考缺位，让孩子的思维不复存在

提及"思考"，想起了一个很经典的片段：老师给各国学生出了一道题："有谁思考过世界上其他国家粮食紧缺的问题？"学生们都说不知道。非洲学生不知道什么叫"粮食"，欧洲学生不知道什么叫"紧缺"，美国学生不知道什么叫"其他国家"，中国学生不知道什么叫"思考"。

是谁偷走了我们孩子的思考能力？现代技术环境让孩子懒于思考。充斥在孩子生活中的动画与电子游戏，因为声音、色彩、图像的变幻而挤占了孩子们想象的空间。调查表明，95%的孩子业余时间的主要活动是看电视，而动画片是最喜欢的节目。这些孩子中有时间读课外书的不到20%，大多数孩子的主要游戏项目是电脑游戏。高科技时代的生活让一切都变得轻松，减少了孩子们动手动脑的机会，让孩子变得越来越懒于思考。独立思考的品质在人的一生中占据着十分重要的位置。如果孩子拥有独立思考的能力，就会善于发现问题，通过思考去解决问题。因其有独立思考的品质，他的视角会比别人宽广，思维也会更加缜密。

金波先生说："我们终身要保留一颗童心，我想这样的人，一生都会幸福。"唤醒孩子们，让他们不再有不该有的不堪之重、不再有不该有的人格缺失，不再有不复存在的思维。

四、不再有的个性

个性是个体身上有别于他人的经常稳定的心智独特性。苏霍姆林斯基曾经预言：21 世纪将是人的个性全面而和谐发展的世纪。然而，在我国的现实教育中，却严重存在着的"听话"教育，追求标准答案，自由时空满占等危害学生个性发展的种种现象，伤害了学生的身心健康。根据加德纳的多元智能理论，每个人都同时有多种智能，但这些智能都是以潜能的方式存在的，需要人提供丰富的诱因去诱发出来，才可能转变为现实的能力。在正常条件下，只要有适当的外界刺激和个体本身的努力，每一个个体都能发展和加强自己的某一种智力。而且，人的智能的开发，又存在着最佳年龄期。就孩子来说，年龄越小，潜能开发的最佳年龄点越多。但是，因为个性缺失教育人为的原因，给学生提供的诱因、外界刺激非常有限，不可能诱发出学生多方面的潜能，退化了学生的潜能，丧失了学生的个性发展。

（一）"听话"教育，使孩子丢失个性

人们常常听到这样的说法："你的孩子很听话，是个好孩子。"把是否"听话"作为评判是不是好孩子的标准就是这种"听话"教育的典型反映。在我国，大部分父母都喜欢"听话"的乖孩子，讨厌淘气的孩子。大部分老师都喜欢"听话"的学生，不爱调皮的学生。"听话"教育逼使学生不得不严格按照老师的要求去做，按照学校的规定行事，不管老师的要求和学校的规定是否符合道理，是否正确，都不能越雷池半步。教育的结果使学生缺乏辨别力，缺乏批判性，进而失去创造力；使学生缺乏对真理的尊重和追求，转而对权威的盲从和对地位名利的追逐。尽管学生在"师道尊严"的氛围中也曾有过抗争，如对教师强势不满而顶撞教师，课堂上为争取"权利"而表现出的对某些规则的大不敬，对标准答案的公然宣战等。但是，在生与师的对抗中，往往是生不得不做出让步，学生争取主体地位的抗争在理所当然的强大的"听话教育"的指责声中被淹没。我们常听到老师有这样的叹息：唉，现在的孩子，没有一点自觉性、主动性、自主自立性。我们不禁要问：这是谁之过呢？学生的主体性由抗争到丧失，最终使"个性丢失"。正是这种"听话"教育，消磨了许多孩子本应该有的个性。

（二）追求标准答案，使孩子缺失个性

教师所教知识，学生所学知识，过分追求答案标准化的现象。有人一针见血地指出：我们的教学模式是"吸收答案——反馈答案"模式。教育教学活动，本该是师生双方的互动过程。在这一过程中，学生本应是活动的"中心"，是活动的主体。整个教育教学活动，是以学生动脑、动口、动手的探索活动为主的。然而，我们的教育教学活动，更加注重教师的主导作用而忽视学生的主体地位，更加注重共性而忽视个性，更加注重教师对现存知识结论的系统讲授而忽视学生对未知东西的主动探索过程。更加注重知识的标准答案而忽视学生富有想象、富有新意的回答。追求标准答案的教学，使每个学生脑子里所贮存的东西趋于同一性，严重固化了学生的思维，退化了学生的想象。更为严重的是：扼杀了学生的个性和创造力，造成孩子个性缺失的严重问题。

（三）自由时空满占，使孩子磨失个性

无论是在课内还是课外，无论是在校内还是校外，给学生留有的自由支配的时间和空间十分有限。因为大多数老师和家长都有这样一个信条：人是懒惰的，学生更懒惰，给学生自由支配的时间和空间越多，学生就会变得越懒散。大多数老师还有一个信条：学生的学习成绩是靠打时间消耗战、打精力消耗战"磨"出来的。所以，出现教师抢占课时，课外活动、节假日照常上课等现象就不足为奇了。即使因某种原因放假，仍要布置大量作业，一般下午放学回家，还要布置家庭作业。再就是追求升学率的强大压力迫使学生不得不打时间消耗战，打精力消耗战。以成绩论英雄、以升学率为尺度的评价标准不得不使学校、老师挤压学生自由支配的时间和空间。由于学生缺乏自由支配的时间和空间，并且精力消耗殆尽，哪有机会去发展自己的兴趣爱好和特长呢？哪有时间去交往、参加社会实践活动、培养自己多方面的能力呢？这样培养出来的学生，要么是书呆子，要么是小老头儿、小老太婆。可以说是以牺牲学生的健全个性、健康身体、全面和谐的发展为代价去追求所谓的"高指标"——升学率。严重抑制了学生的个性，危害了学生的身心健康。

第二节　教育应该的模样

一、立德树人

"立德"为我国古代所谓"三不朽"之一。《左传》载有"太上有立德，其次有立功，其次有立言，虽久不废，此之谓不朽。"意思是，人生最高的境界是立德有德、实现道德理想，其次是事业追求、建功立业，再次是有知识有思想、著书立说。党的十九大更是把"立德"摆在第一位，是因为万事从做人开始。

（一）国家层面对教育的重大宣誓：立德树人

中国共产党"十九大"报告对教育提出了一系列新要求、新论断，其中"把立德树人作为教育的根本任务"是在党的全国代表大会报告中郑重提出，是我党以及国家的重大政治宣示，更是教育所指。基础教育课程改革指出，新课程的培养目标要使学生具有爱国主义、集体主义精神，热爱社会主义，继承和发扬中华民族的优秀传统和革命传统；具有社会主义民主法制意识，遵守国家法律和社会公德；逐步形成正确的世界观、人生观、价值观；具有社会责任感，努力为人民服务；具有初步的创新精神、实践能力、科学和人文素养以及环境意识；具有健壮的体魄和良好的心理素质，养成健康的审美情趣和生活方式，成为有理想、有道德、有文化、有纪律的一代新人。这些要求都说明了，教育的功能绝不仅仅是传授知识，而应当通过课程首先使学生学会做人、学会求知、学会生活、学会劳动、学会健体、学会审美，使学生得到全面和谐的发展，即教育首先是立德树人。

"一年之计，莫如树谷；十年之计，莫如树木；终身之计，莫如树人。"《管子》中的这段话说明，我们的先贤已充分认识到培养人才是长远之计。"立德树人"也几乎是我国历代教育共同遵循的理念。培养一个人才需要非常长的时间，是个长久之计，并且十分不容易。因此，国家、民族、家庭只有做好人的培育，才能得以接续、繁衍、传承。古人云：江山代有后人出，一代新人换旧人。这样人类才能永续繁衍、生生不息。新课程的具体目标也指出，改变课程过于注重知识传授的倾向，强调形成积极主动的学习态度，使获得基础知识与基本技能的过程同时成为学会学习和形成正确价值观的过程。

"STARS 教育"指向的是"全面与个性"，认为教育的真谛在于使知识转化为智慧，使文明沉淀为人格，使"他"成为"他自己"。仅仅重视知识传授的教育是畸形的，教育应该包括知性和感性的学习，愉快的生活、健全的人格、与人和谐相处的能力、培养独特的个体更为重要。其中，健全人格的养成尤为重要，没有健全的人格，学生无法愉快地进行学习；没有健全的人格，学生无法与老师、同学、家人以及周围环境和谐相处，也就无法成长为一个具有独特个性的健康的人。所以，情感、态度和价值观的正确建立和培养应该成为教育的核心目标。

(二) 人才的社会价值：有德方能成真才

对于"人才"的理解，不能局限于"有才干的人""有一技之长的人"，更不能视人为"会做事的工具"，而是要深刻地理解"人"与"才"的内在关系。首先，从时序上讲，要先"做人"后"成才"。"才"在一个人身上固然可以很早显现，但要臻于成熟，尤其是要与"做人"达到圆融之境，肯定是后来的事情。从相互关系上讲"人"是"才"的特殊表现。也可以说，"人"是一般性，"才"是特殊性。既然社会有这种适切的人才需要，教育的核心目标当然是要培养这种有德行的人才。

信息时代更重要的教育目标，已经不是知识与技能，而是情感态度、思维与学习的过程与方法。知识不是衡量 21 世纪所需人才的主要依据，能力和态度成为人才素质的核心内容。教育专家吕型伟先生曾经说过：人才是由"人"和"才"两个字组成的，"人"同"才"并没有必然的联系。因为有的人是"人"又是"才"，就是人才；有的人是"人"没有"才"，不能叫人才；有的人有"才"不是"人"，这种人更不能叫人才。我们当然希望两者统一，希望是"人才"，但如果要两者只能选择一样的话，我宁可他是"人"没有"才"，也不要他有"才"不是"人"。越是有"才"不是"人"的人，危害越大。只有思想健康，思路宽广，有组织实践能力的人，而且有正确的人生观、世界观、价值观、有道德的身体健康的人，才会对社会有贡献，才是全面发展的人。

光有"才"没有"德"的人，只会对社会造成危害。曾轰动全国"马加爵事件"的主人公马加爵高三时被预评为"省三好学生"；复旦大学一个在读医科研究生对室友投毒；著名歌唱家李双江的儿子李天一获得过多项国家级艺术奖项却两次被劳教……此类人都是高级知识分子或在某一领域有才能的人，可是他们做出的事情却对社会造成了极大的危害，造成了极其恶劣的影响。他们不是真正的人才，最终只会害人害己。从终身教育视角看，基础教育是要为人的终身学习与发展奠定全面的基础，因而基础教育的责任是侧重在"育人"；从社会需求的角度看，社会需要的是能对社会有贡献，能让社会有所发展的人才，需要的是真正的有德之人，因此，"STARS 教育"人才培养重"才"更重"人"，有德方能成真才。

二、快乐学习

在传统的教育模式中，教育的目标是知识的传授。课堂上老师把重点放在包括考试内容的练习，并下意识地排除对创造性和批判性思维的培养等有帮助的训练。学生学得很辛苦，但他们的脑子里塞满的实际上是零碎的知识，而没有学习的方法。长此以往，学生会失去学习的兴趣和能力。因此，新课程的具体目标指出，要改变课程过于注重知识传授的倾向，强调形成积极主动的学习态度，使获得基础知识与基本技能的过程同时成为学会学习和形成正确价值观的过程。

（一）兴趣驱动，主动学习：学习应该是孩子精彩的生活

积极主动的学习态度是新课程目标中所着重强调的，要求改变课程实施过于强调接受学习、死记硬背、机械训练的现状，倡导学生主动参与、乐于探究、勤于动手，培养学生搜集和处理信息的能力、获取新知识的能力、分析和解决问题的能力以及交流与合作的能力。

每个孩子都是一个生机盎然的小树种子，将来是成长为亭亭的河边柳或是昂然的崖边松，都取决于孩子成长的环境和他们的心性养成，而这种成长或是养成，应该是由内而发的，是要让小树种子发挥出自身的源发性能量，这种源发性能量，就是孩子们对世界的认识，是孩子们的兴趣所致，学校的教育或是家庭的教育，应该激发和培养孩子们的这种源动力，让孩子们主动而为。

教师"施教之初，贵在引导"。现代教学理论认为，教师的真正本领，主要不在于"讲授知识，而在于激发学生的学习动机，唤起学生的求知欲望，让他们兴趣盎然地参与到教学全过程中来，经过自己的思维活动和动手操作获得知识。"可是，长期以来，以"应试教育"为主体的传统教育所折射出来的师生关系，比较多的则是"师道尊严"。在这样的环境下，学生只能被动地接受一切，默默地忍受一切，死板地发展一切。教育是师生双方相互作用与影响的活动，师生间如果能保持民主、平等的关系，相互尊重，能使得学生身心愉悦，能在宽松的氛围中自主地学习，学生热爱教师的情感也会迁移到学习上来，正所谓"亲其师，而信其道"。学生是学习的真正主人，在"STARS教育"中，学生和教师的交往密度大大增加了，师生间的情感交流也增强了。教师从传统的讲台上走了下来，融入学生中，成为学生的学习伙伴和知心朋友，更加促进了孩子积极、主动地学习。

（二）学习的内容与方式应该是学生喜闻乐见的

传统的课堂中，教师把重点放在教材知识的传授上，以"应试"为目标，学习内容枯燥而缺乏时代感；在学习方式上，更多的是运用了"教师讲学生听"的授课方式，学生作为接受者，只需要完成"听说读写"的学习任务即可，学习认知方式单一而无趣，因为习惯的养成而勉强倾听，更谈不上喜欢了。因此，课程改革的核心目标之一，就是改变课程内容"难、繁、偏、旧"和过于注重书本知识的现状，加强课程内容与学生生活以及现代社会和科技发展的联系，关注学生的学习兴趣和经验，精选终身学习必备的基础知识和技能。

首先，转变学生的学习方式是课程改革的重点目标。它指出，教师在教学过程中应与学生积极互动、共同发展，要处理好传授知识与培养能力的关系，注重培养学生的独立性和自主性，引导学生质疑、调查、探究，在实践中学习，促进学生在教师指导下主动地、富有个性地学习。教师应尊重学生的人格，关注个体差异，满足不同学生的学习需要，创设能引导学生主动参与的教育环境，激发学生的学习积极性，培养学生掌握和运用知识的态度和能力，使每个学生都能得到充分的发展。其次，大力推进信息技术在教学过程中的普遍应用，促进信息技术与学科课程的整合，逐步实现教学内容的呈现方式、学生的学习方式、教师的教学方式和师生互动方式的变革，充分发挥信息技术的优势，为学生的学习和发展提供丰富多彩的教育环境和有力的学习工具。

在学习内容方面，选择学生喜欢的内容进行教学会让学生的学习更有兴趣，更积极主动地参与到学习过程中去。相对于传统教材脱离时代的特点，密切课程内容与生活和时代的关系是非常重要的。课程目标指出，课程内容应有利于引导学生利用已有的知识与经验，主动探索知识的发生与发展，同时也应有利于教师创造性地进行教学。课程内容的选择应符合课程标准的要求，体现学生身心发展特点，反映社会、政治、经济、科技的发展需求；课程内容的组织应多样、生动，有利于学生探究，并提出观察、实验、操作、调查、讨论的建议。积极开发并合理利用校内外各种课程资源。学校充分发挥图书馆、实验室、专用教室及各类教学设施和实践基地的作用；广泛利用校外的图书馆、博物馆、展览馆、科技馆、工厂、农村、部队和科研院所等各种社会资源以及丰富的自然资源；积极利用并开发信息化课程资源，实现教材的高质量与多样化。在 STARS 教育课堂教学中，采取音、图、演、说等多种方式，结合内容的演绎和扩展来吸引学生，让他们自然融入教学中，达到寓教于乐的效果。

（三）学习的过程体验应该是愉悦智慧的

"书山有路勤为径，学海无涯苦作舟"，寒窗苦读、悬梁刺股、程门立雪等传统的学习过程常常与"苦"做伴，诚然，这种磨砺也造就了不少国学大师，饱学之士。但是在今天日新月异、信息瞬息万变的多元化社会中，时代赋予学习更为深广的含义。学习过程是一个探索求知乐趣、富含创造因素，同时不断面对问题与挑战的过程。古往今来，许多教育家和研究者都提出过"愉快学习"的理论，并为学生创设愉快学习氛围做出过不懈的努力。心理学研究表明，学生在愉快的气氛中学习各种文化知识会产生事半功倍的效果。

儿童的世界是丰富多彩的，儿童的世界是七彩斑斓的。"万丈高楼平地起"，学识的积累来自一点一滴，但如果这种学识上的点滴积累过程不能带给学生愉快的体验，久而久之，也会带来厌烦及之后的逆反。传统的教学模式将丰富的课堂教学过程，简化成特殊的认知活动，忽视了教师和学生在教学过程中的多种需要和潜力，忽视了教师和学生在教学和交往过程中的多种智力的需要和潜力，忽视了师生群体在教育活动中的多种形式的互动，导致教学变得机械、沉默、呆板和程序化，缺乏生机和快乐，缺乏对智慧的挑战和好奇心的刺激，使得师生的生命力在课堂中得不到充分发挥，使得学生厌学、教师厌教，即使是认知性的任务也无法得到很好完成。

对于学生而言，课堂教学是其学校生活的基本构成；对于教师而言，课堂教学则是其职业生涯的基本构成。无论学生还是教师，都是以整体的生命投入到教学活动中去的，这对教师和学生来说都具有生命的意义。如果教学不能给自己带来快乐，那么这种生活对教师和学生来说必定是不精彩的，这种教学也必定是没有活力的。"STARS 教育"需要的是"智慧互动教学"，在愉快智慧的氛围中，教师和学生在课堂教学中都能饱含热情，积极活跃，教师在快乐的教学中，在每一节课中都能体会到快乐，学生亦能在这种氛围中积极主动地投入学习，掌握知识，发展心智。

三、全面发展

随着国家新课程改革的进一步推进，作为学校革新的核心元素，课程建设的重要地位已然彰显，各学校对课程领域的探索风起云涌，百舸争流，学校对课程改革势必要做出有担当的、有益的探索。习近平总书记在北京少年宫参加"快乐童年放飞希望"主题活动时指出："实现我们的梦想靠我们这一代更靠下一代，少年儿童从小就要立志向有梦想，爱学习、爱劳动、爱祖国，德智体美全面发展，长大后做对祖国建设有用的人才。"总书记的讲话着眼于中华民族伟大复兴的宏伟大业，为当代学生的健康成长指明了方向。STARS 教育"让每一颗星星都闪亮"的办学理念和"五星素养"剑指学生的全面发展。

（一）人的三爱基因：爱学习、爱劳动、爱祖国

"学而不厌，诲人不倦。"孔子告诉我们，学习是永无止境的。现代教育观念中，爱学习更是基础教育的重要目标之一。爱学习就是要帮助学生弄清楚为什么学、学什么、如何学这三个问题。端正学习动机和态度，明确学习目标和任务，掌握学习方法和技巧，培养学习能力和习惯，严格学习纪律和风气。"STARS 教育"根据多元智能理论

提出实现"学生的最优发展"观点，每个学生在教育目标所规定的各方面基本素质都能协调发展，在全面发展的基础上，发现并帮助学生开发自己的潜能，找到自己性格各方面最独特成功的组合，不断完善自我，允许个人的发展在时间上、内容上、质量上有差异，即不是平均发展，而是一般中有特殊、共性体现个性。这样的观点让学生不再是"一刀切"教学方式下的产物，学生对于学习有了选择性、独特性和可发展性。每个学生都有了爱学习的可能与信心，有了全面发展的机会。劳动是推进人类进步发展的根本力量，基础教育阶段，爱劳动的教育重点是要帮助学生树立正确的劳动观念，养成爱劳动的良好习惯。作为独生子女的一代青少年，许多人还存在不同程度的娇气、浮躁、怕吃苦，在这样的情况下，倡导青少年爱劳动，有着很强的针对性和现实意义。"STARS 教育"注重培养学生"爱劳动"渗透进学生的日常生活，在潜移默化中培养学生的动手能力，实现全面发展。

清末思想家梁启超说："今日之责任，不在他人而全在我少年。少年智则国智，少年富则国富，少年强则国强，少年独立则国独立，少年自由则国自由，少年进步则国进步，少年胜于欧洲则国胜于欧洲，少年雄于地球，则国雄于地球。"他教导我们热爱祖国要从我们自己做起，要"智"，要"独立"，要"进步"。在新形势下，热爱祖国有了更深刻的含义，爱祖国教育重点是大力弘扬中华民族优秀文化，增强民族自信心和自豪感，增强为中华民族伟大复兴而努力奋斗的使命感和责任感，坚决维护国家主权和领土完整的自觉性。在新的历史条件下，引导学生把继承爱国主义的光荣传统与弘扬改革创新的时代精神结合起来，把爱祖国、爱人民和爱中华民族统一起来。

（二）教育的三重力：重社会责任感、重创新思维、重实践能力

具有社会责任感，是一个人身心品质成熟的标志，也是一个公民

诞生的标志。英国教育家塞缪尔·斯迈尔斯认为："缺乏责任感，人们对抗不了苦难，抵御不了财色的诱惑，导致犯罪或堕落。相反，在责任感的激励下，人们能够克服自己的弱点而变得坚强勇敢。"人是社会的人，社会责任感是人与动物、社会人与自然人的根本区别。人生活在社会里，就要承担一定的责任。教育的目的是要为社会主义培养建设者和接班人，没有责任感的人，一定不能成为合格的建设者和可靠的接班人。责任感在中小学生心理发展中具有重要地位，是一种极其重要的非智力因素，是健全人格的基础和良好个性品质的有机组成部分。社会责任感的培养是综合素质培养的中心环节，格外重要。"STARS 教育"倡导学生自主性管理，班级设置学习共同体小组，是学生的学习、管理、活动最基本、最活跃的组织形式，人人有岗位的设置使得学生基础教育阶段就学会承担责任，学会做一个有责任感的小公民。

创新思维是信息时代教育的核心培养目标之一，没有创新的民族是没有未来的。基础教育阶段，学生正处于思维活跃、不受限制的最佳时期，此时此刻，不用所谓的经验去限制学生的想象力，激发学生的创造力，培养学生的创新思维是非常重要的。同时，创新离不开实践，一个勇于创新的人一定是一个实践动手能力相当强的人。针对"独二代""独三代"，教育应当更加注重培养学生的实践能力，让学生在实践中走向全面发展。

"STARS 教育"注重培养学生的创新思维，提倡多元评价，给每个学生提供成功的机会，将测试的重点放在学生已经掌握的知识和技能方面，鼓励学生充分展示他们学到了什么、理解了什么和能够干什么。在评价过程中，教师注重学生的表现，时刻关注学生的行为，设置真实的情境化的测试环境，并运用成长记录袋进行评价。通过学生活动或完成任务的过程不但能够评价学生知道了什么，还能够评价学生能够做什么，还可以在学生的实际活动中评价学生的创新精神和实践能力，与他人的合作、交流与分享能力，评价学生的学习兴趣和学习习惯等。

四、个性张扬

"个性"，指一个人的整个精神面貌，包括能力、气质、性格、动机、兴趣、理想、信念等方面。"个性发展"，不同于现实教育中存在的单一化、标准化的传统观念，而是以每个学生不同的兴趣、能力、素质和性格特点来因材施教，使其在思想品德、智力水平、劳动习惯和身心素质等方面得到生动活泼、健康协调的发展，形成自己的个性特长。

学校教育是张扬学生个性、促进学生的个性发展的主渠道。学校从丰富可供学生选择的课程设置、革新教育教学的方式方法、健全选择性教育的运行机制以及建立多元化的评价体系等方面促进学生的个性发展。

（一）丰富可供学生选择的课程，完善 STARS 课程设置

学校选择性课程的开发与建设，将从根本上关系到学校能否实施个性教育，所提供的课程能否满足不同学生的个性化发展需要，并最终关系到学校组织愿景的实现度。STARS 课程，除了全面遵照国家课程与地方课程方案实施规定的课程教学以外，抓住课程改革对于拓展性课程开设的要求，横向把握学生基础性、发展性、创造性学力的需求，形成相应的基础型、拓展型、社会实践型的课程结构。STARS 课程包括品格与社会、语言与人文、数学与科技、体育与健康、艺术与审美等五大类。纵向是在课程布局上，根据学生不同阶段发展的需求，

形成一个递进的序列，以丰富可供学生选择的拓展性课程的设置。

（二）变革教学的方式方法，推行 STARS 智慧互动课堂模式

长期以来，仅注重知识授受的教学模式，极大地压制了学生的主体性和独立性，忽视了学生创新精神与动手实践能力的培养，也忽视了学生的个性化教学需求，无法照顾到学生的个别差异。因此，STARS 智慧课堂就是通过改变教育教学的方式方法来促进学生个性化发展。一是课堂教学从授受模式转为互动对话式，通过"活动""小组合作""表达共享"等方式，关注学生同客观世界的对话，与他人的对话，以及同自身的对话，在对话中满足个性化学习的需要。二是借助信息技术的力量进行课堂转型，凸显教学的自主化、个性化。随着信息技术的发展，以"黑板、学生、教科书"为中心的传统教学模式正在被一种建立在教材、学生与活动之间适合于学生自主学习的方式所取代。电子书包、反转课堂、后"茶馆式"教学都是对于传统课堂教学方式的变革。这种前所未有的学习方式，将极大地引发学生的学习兴趣。STARS 智慧互动课堂带给学生最大的改变是：有效调动学生学习的积极性，有力地促进学生个性化的学习。

（三）健全 STARS 课程体系，完善选择教育的运行机制

在学校中 STARS 课程体系的建立以及选择教育的机制的完善，至少可以从以下三个层面推进。一是实施弹性编班，由传统基于性别、身高、学业表现均衡等因素的分班方式，转向创造性地以学生个性与兴趣爱好为主要依据，兼顾学生性别、地区、身高等因素的编班方式，把相对"志同道合"的学生共同安排在同一班级，使编班更为科学化。当学生的兴趣爱好发生变化时，学校也应该允许学生有数次重新选班的机会。二是分层择学，也称分层自主学习，是因材施教原则在选择性教育中的直接表现。它要求学生基于自己的知识层次、理解能

力、智力水平，自主确定适合自己的学习目标和内容，另一方面教师依据不同学生的学业基础，设定不同的教学目标，有针对性制定不同的学习人物，组织开展教学活动，实现双向选择学习内容的过程。三是特长走班。每个学生都具有多种潜能，需要为其提供发展多才多艺能力的机会。因此，STARS 课程体系就是利用大课间以及校本课程实践积极开设拓展性课程，推行具有某一些兴趣特长的学生到相应的特长指导老师哪里接受个性化教育指导。特长走班机制，在本质上也是力图实现教师分层、学生选择的选择性教育的运行机制。

（四）建立多元化的评价体系

随着 STARS 教育的不断深入，教师的角色、教学方式、学习方式都发生了巨大的变化，随之而来的评价体系的完善和操作显得尤为重要。我校以"人的可持续发展"为评价标准，开展 STARS 多元评价，以"重过程、重全面、重参与、重激励"为原则，以学校特色的核心素养课程体系为框架，将学生参与课程学习的态度、过程和成长轨迹纳入评价范围。

同时，为配合 STARS 课程评价的顺利开展，我们在 STARS 五星评价的基础上，设计了"STARS 素养银行"——即"五星素养银行"评价机制。简单来说，就是让学生在参与五大核心素养课程的过程中，逐步积攒相对应的积分，并借以银行储蓄的方式，最终在期末，以学生积分多寡，评价学生的各方面能力素养。

我们坚持"评价就是为学生健康成长加油，评价就是为教师专业发展助力，评价促进课程质量提升"的理念，通过"五星素养银行"多元评价机制，构建体现多元化、过程性、发展性、个性化的评价方案，全面、准确地将学生课程修习情况、个性特长发展情况记入学生成长，真实、客观地反映学生的学习成果和发展状况。从而帮助每一位学生在学校的学习生活中全面而有个性的发展，最终实现"让每一颗星星都闪亮"的教育目标。

第三节 理想中的好学校

STARS教育理想中的好学校具体是什么样子呢？

一、好学校看得见摸得着

（一）校园美

好学校四季花开、果实飘香、绿树成荫，草长莺飞，创意无限，每一面墙壁都会说话，每一个角落都绽放教育的花蕾。好学校有孩子可以自由玩耍的空间，有一方小小的池塘，有蛙声与鸟鸣。好学校是孩子们流连忘返的乐园，是孩子们可以观察大自然的地方，是孩子们可以触摸大自然、聆听大自然心跳的乐土，是孩子们有童年记忆的地方。好学校校园处处洋溢着美，流淌着美，流溢着学生的童年趣事。

（二）教师优

好学校的教师具有以下特点：态度祥和、师德高尚、业务精湛、办事公正、呵护备至、视生如子，洋溢着向上的精神气质，能宽容犯错的孩子，能用最短的时间让孩子完成学习任务。能个性化地发挥自己的教学风格，能形成一个学习的共同体，思想自由，能有孩子般的旨趣，洋溢着对生命美好的执着。拥有对美好生活的憧憬，善待一切美好的存在。学校的每个老师，都心中有爱，脑中有识，手中有为。

（三）学生乐

好学校的校长真懂教育，能引导学校成为一块快乐的麦田，教师就是麦田守望者，学生在学校里可以自由玩耍。好学校不墨守成规，不断有创意性的活动。好学校是学生孩子自由天性的游乐场，没有固定的好学生标准，不会给孩子贴标签以区分好坏优劣。好学校注重家校合作，以求共同引导、教育孩子向善、求真、唯美，而不会为了分数而"毕其功于一役"，不会为了应试教育而牺牲学生的人格、爱好，甚至是身体健康。

（四）质量高

学校的质量表现为学生未来可持续发展的能力，也表现为学生现在、未来生活的状态与追求幸福生活的能力。因此学校不能把目光仅仅停留在学生对知识的获取与考试的分数上，更重要的是改善学生的现实生活状态，提高其获取幸福生活的能力。学校要让学生在道德、智慧、艺术等方面获得相应的品质与能力，学校要具有人文魅力、富有智慧实力、充满兴趣活力，而学生要学会正确做事，会有效学习、会优雅生活，要具有诚信的道德力、创新的智慧力、持久的健康力。这是质量高的前提与条件。质量高是现代化一流小学的标志，校园美、教师优、学生乐则是它的具体表现。

二、满足孩子的兴趣爱好

（一）人类的学习是有差异的

龙生九子，各有不同，每个学生都是独特的个体，可对这一点的认识和接受，却经历了漫长的过程。20 世纪初，法国心理学家比纳首创智力测试，用于测量人的智力的高低，证明认知不同。1916 年，德国心理学家施太伦提出了"智商"的概念，即智力商数，用数值来表示人的智力水平的差异。1935 年亚历山大第一次提出"非智力因素"这个概念——除记忆力、注意力、观察力、想象力、思维力等智力因素之外的一切心理因素都是非智力因素，主要包括动机、兴趣、情感、意志、性格等，非智力因素是直接影响和制约智力因素发展的意向性因素，从而进一步解读了人类学习复杂的差异性。

（二）多元智能理论为个性化教育提供了理论支撑

哈佛大学霍华德·加德纳教授在 1983 年出版了《智能的结构》一书，首次提出了多元智能理论，包括语言、逻辑、空间、肢体动作、音乐、人际、内省、自然探索等八个范畴。多元智能理论应用很有现实实践意义。从幼儿园开始，我们就可以利用多元智能理论来发掘学生的潜能和兴趣，并进而为他们的发展提供合适的机会。我们可以利用多元智能理论来发现有个性的学生，并对他们提供适切的教育。

（三）提供多元发展的 STARS 课程

在传统的学校教育里，人们一直强调，学生在数学和语文两方面的发展，但这并不是人的全面发展。不同的人会有不同的智能表现，我们必须因材施教。学校应打破传统的智力理论——认为人的认知是一元的，个体的智能是单一的，可量化的。让学生有所侧重，在语文、数学、逻辑、数理、空间、音乐、运动、人际、自我剖析、自然、科学等八个项目里选其优者发展。每个人都能在不同程度上拥有上述八种基本智力，智力之间的不同组合，导致个体间的智力差异。教育的起点在于怎样把人变得聪明，尤其在哪方面变得更聪明。学校按照多元智能理论，为学生提供多元发展的课程，是学校优质教育的重要核心指标之一。

为此，星海小学在发展过程当中，逐渐认识到个性化的校本课程对学生多元智能发展的重要作用，陆续开设了 42 门选择性校本课程供学生自由选择。其目的就是让学生在自由自主的发展空间中，满足每个学生的兴趣爱好。

三、回应每位家长的质疑

满足孩子的兴趣发展是教育的本质要求，可随着工业革命的到来，夸美纽斯提出了班级授课制的概念，到今天班级授课仍然是主要的教育教学方式，面对不同的学生，采用统一的教育教学模式，这本身就是一件矛盾的事，家长面对这一教育现象，把所有的质疑都指向学校，学校如何应对呢？这是很多学校不曾考虑的教育大事，星海小学从开办起就注重回应每一位家长的质疑。

（一）开办新家长学校

每年一年级开学前，是新家长学校开办的最佳时期，家长对学校的办学理念及具体要求知之甚少，却充满期待和好奇，对自己的孩子期望甚高，这时开办为期一年的新家长学校是至为重要的。在一年内有四次辅导课，分别就办学理念、学校具体运作，学生习惯养成，如何做家长、学生矛盾纠纷的处理，学业辅导和学业疑难，家长家教成功案例分享等等，对家长进行培训，让家长明白今天的教育今天的孩子教育，再也不是过去的"高考式教育"；让家长明白教育仅靠学校一方努力是不够的，它是一个系统工程，需要学校、家庭、社会协同共进，营造一个适合孩子发展的和谐生境、和谐生态。新家长学校的第一主讲人是学校的校长，校长要把学校的理念和具体运作告知家长。让家长明白自己不但要有养孩子的义务，还有教孩子义务，要明白新时代对教育的新要求，了解新的教育理念，了解学校的办学理念和主张，只有明白清楚这些，才能成为真正的新家长。第二主讲人是学校的德育主任，他要把学校的具体要求、具体做法告诉家长，包括作息时间、文具购买等等。后面若干专题邀请专家来给家长授课，构成新家长学校培训的系列课程。此后，就是每个学期的家长互动日和不定期的家校联系方法，用来沟通和解决家校之间的疑惑与问题。

（二）编制学校年度报告

家长最想知道的自己孩子在学校学习生活得怎么样？星海小学除了每个学期给学生家长发送学生成长报告单之外，每一学年结束还要会编制学校年度报告，将学校这一年主办的重大活动、开设的所有课程、教师和学生所取得的成绩、学校荣誉、对内对外交往和学校大事记等内容集结成册，分发给每位家长。

（三）开办网络"问题回声"

每个家长和每个学生是不同的，学校的办学理念是"让每一个星星都闪亮"。然而每个学生的基础是不同的，家长也有不同的问题与疑惑，甚至是不同的声音。为此，学校除了开办新家长学校、编制学校年度报告外，还在网上开辟了"问题回声"的栏目，对家长的每个声音，学校都要应答。学校管理问题的负责人，把家长的问题打印出来，交给主管部门回答，再叫副校长和校长确认，然后回复到网上。久而久之，学校是一所怎么样的学校，是否履行学校精神，家长就清楚了，家校的距离就近了，关系就融洽了。学校也会根据家长关注的问题，反思与教育相关的一些细节，使学校管理更趋完善。

（四）组建家委会

为了加强学校与家庭之间的沟通与了解，形成学校、家庭教育合力，组建学生家长委员会。星海小学家长委员会，由班级家委会、校级家委会两级组成。主要工作：一是家长护苗队，小手拉大手。每天上午上课前半小时和下午放学后40分钟，在星海小学附近，总有四五名家长，挂着红袖章，头戴小红帽，手拿小红旗在学校周边执勤，他们提醒家长开车送孩子到校即停即走，护送学生过马路，有效缓解校门口交通压力。二是家长进校园，代理班主任。代理班主任指家长走进班级日常管理,体验班主任的工作,协助管理班级事务。理解孩子更理解教师日常工作的辛苦。三是家长助教进课堂,为丰富学生的课程资源,发挥家长的职业资源优势,扩充班级集体教学内容,同时也为家长提供了体验教师工作、了解学生学习情况的机会,星海小学开展了"家长老师进课堂"活动。活动受到了家长的大力支持和小朋友们的热烈欢迎!家长老师们充分备课,制作精美课件和教具,上课生动、有趣、投入,孩子们听得聚精会神、津津有味,与家长老师积极互动。七步洗手法、采血体验、围棋爸爸等课程让师生们受益匪浅。

四、促进学校可持续发展

任何一所学校,哪怕是上百年的老校对一个第一次进入校门的学生来讲,都是一所新学校,开学第一天都是新鲜的。尤其对于一所新学校,更是一个崭新的历史开端。星海小学作为当地十二五规划的一个惠民工程,投资近一个亿兴建的,这是县委、县政府加快基础教育发展、全面提升办学条件的重要举措。面对社会发展给学校带来的机遇和挑战,肩负当地政府和人民对教育发展的新要求,作为新任校长该做些什么呢?

（一）选人才

第一步,首选管理人才,组建管理团队。根据工作性质选好了团队的四个人,四个人分别负责学校各方面的工作。第二步,选配教师。虽然没有多少可供选择的教师资源,但能选配好教师队伍确实是非常重要的事情。第三步,配备好教育教学辅助人员。在当时的环境下,这是通过各种关系推荐的,自然生成了一个团队,当然他们不完全是一个团队,更谈不上专业,在学校步入快速发展的轨道后,辅助人员整体素养还待提高,他们的服务水准水平也亟待提升。

（二）备物资

准备好场地和设备。场地，新学校的场地无需校长考虑，因为在建之前就已经设计好了，比如星海小学 48 个班级，招生规模为 1800 个学生，配备了教室功能室，室内体育室，室外运动场，一应俱全。就学校的建筑与设施来讲，在当时当地可以说是一流的。所以作为校长要充分考量天、地、人等诸多要素，好好定位学校的个性特色，个性化学校建筑怎样为教育教学个性化服务，场地上的设施设备如何根据重要程度来决定配置的先后，星海小学起点高，发展步伐较快，其中一个原因就是按标准配齐配足了各种常用的设施设备。

（三）抓管理

对于新学校管理，更多的是关注近期工作目标，星海小学开学前的工作，目标就是在 9 月 1 日这一天 580 个学生来到这所学校能听到他们朗朗的读书声。近期目标完成了，学校开始的管理就算到位了。事实上，无论是总目标，还是分项具体目标都是为学生顺利开学做准备的。那时学校的管理团队是高效的，因为任务具体，目标要求具体，结果落实具体。580 名学生如愿如期地来到了星海小学，星海小学开学了。但星海小学的管理和发展才刚刚开始。这一年，公元纪年为 2013 年。为此，星海小学把首批 580 个孩子的手印制成青石砖，砌了一堵手印墙以示纪念。

（四）求发展

学校看得见的在改变，学校的第一年，进门处文化石上多了"日星日新"四个字；第二学期开学，学校又多了一条诗词长廊和"星海小学赋"。学生一进校门就浸润在浓浓的"星"文化之中，就像是有童年印记的星空。它每天都在持续改变，竹子在拔节，游鱼在追逐，花蕾在绽放，银杏的叶子在变色，蜜蜂在筑巢，小鸟在歌唱，小孩子在欢笑。学校看不见的也在变化，老师的职业心态在改变，教育的价值取向在改变，学校的理念在改变。这一切改变，都是瞬间的、暂时的，但从长远来看都是看得见的。学校请不同职业的人来讲职业的忧与乐，借助教师的正确行为引导学生的价值取向。学校通过一天天可持续的变化，让社会、让家长了解学校，认可学校，让学生热爱学校，每天能高高兴兴地来到他喜欢的学校。

第二章

构筑星空

文化部原部长孙家正曾经说过："文化如水，滋润万物，悄然无声。"学校文化建设的最高境界就是让师生员工能够在心中建立和尊重一套共同的行为秩序（学者冯大鸣）。它对全校教师和学生有着巨大的潜移默化的作用，犹如富含负氧离子的清新空气之于人。星海小学是崭新的学海，也是星星成长之海。自建校之日起就设计规划，构筑星空，着手从文化愿景、视觉符号、价值引领，反思实践，逐渐发展形成一个属于自己的独特的文化品牌——STARS 教育文化。

第一节　文化的愿景写真

一、明晰办学理念

把学校愿景计划为办学理念，用规章制度强化办学理念，用校本课程实践办学理念，用教学活动深化办学理念，用师生行为体现办学理念，用校园环境彰显办学理念，用教育成就证实办学理念，用学校文化涵润办学理念，用学校精神传播办学理念。学校理念决定学校行为，学校行为、学校的发展方向是由校长、老师和学生共同构建的理念体现所确定的。教育理念是教职工的旗帜，是方向，是探照灯，是前进的路标。所以，学校理念的确定对整个学校的发展具有决定性的意义。因此我们需要对理念进行提炼和整合。在学校的教育现实中，我们可以观察到，一般的学校竞争特色，平常的学校竞争考试，一流的学校竞争理念。一个学校的办学方向与目标，团队的行为与教育方式等，都受一定教育理念的支配、影响与鼓舞。教育理念应用与否，应用恰当与否，决定了学校的发展处于什么样的状态和阶段。

星海小学的办学理念是"让每一颗星星都闪亮"，我们的教育理想和目标都凝聚在"日星日新"四个字上。

"日星日新"即为"日日有星日日新"。"日星"是指学生全面而有个性的发展；"日新"则指学校、教师、学生每天都有发展，取义于中国儒家经典四书之一《大学》的第三章"苟日新，日日新，又日新"，意为"如果能够一天新，就应保持天天新，新了还要更新"。星海小学作为一所全新的学校，努力践行"今天是新的，明天是新的，未来也还是新的"的"日新"理念，努力培养造就有个性、会思考的智慧型人才。

二、把脉学校发展

每一所学校都有特定的人文环境核心的价值观，都有学校发展的现状。办学历史短的如星海小学，办学历史长的则历经上百年的发展，形成了该校特有的文化和学养习惯。而作为一所学校的核心人物——校长，一定是长期在学校工作、生活，并且深谙学校的文化精髓和精神本质的人，他了解每个教师的资质、秉性、教育教学能力，了解每个学科的教师整体水平、学科特长，了解每个员工的价值取向和喜好，了解学生生源的特点，了解学校在学区的位置，了解学校资源配置整合的能力……这样才能给学校的发展把脉问诊,才能给学校发展开出适宜的良方,才能驾驭学校发展的航向,才能促进学校文化不断跃上新的台阶。

三、打造学校品牌

学校品牌,包括家长的口碑、学校相对的优势、办学历史、办学质量、办学特色、办学条件和办学成效等特质,星海小学着力打造"让每一颗星星都闪亮"的 STARS 教育文化,为师生生命健康、和谐发展服务,核心是促进多元智能发展教育理论下的学校和谐发展,缔造"全面、个性、健康、和谐"的教育生态,创建有爱、有识、有为的教育生活,创设优化环境、优雅课堂、优质教育为学校精神文化特征的 STARS 教育品牌。

四、锻造教师团队

每位教师都要以学校发展愿景为目标。学校的品质与质量是教职员工尊严的具体体现和具体化。学校发展了,教师才能有职业尊严和生活品质,才会提高生活幸福指数,才能成就灿烂人生。反之,

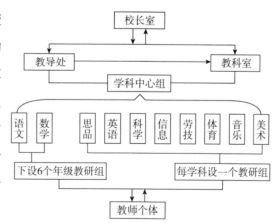

教师职业倦怠,生命质量、幸福指数都会受不同程度的影响。作为校长,要引领教师成为教师职业的心灵导师,为组建学习共同体而努力练就自己的培训水平和培养能力,星海小学构建团队建设的重要途径

主要有两个。

平台一：四级网状研训管理模式，为教师专业发展提供强大的团队支持。

这个模式最大的特点就是把校本研训的管理过程纳入教育教学日常的过程管理之中，使两者合二为一。它最大的亮点就在于学科中心组的设立，学科中心组对上是学校着力打造的精英教师，对下则是教师基层组织——教研组的指导者和引领者。从而实现引领一批教师，塑造一个团队的目标。

平台二：四三循环联动机制，促进教师有差异地发展。四是指不同层级的教师，形成的四个梯队：初任教师，胜任教师，精通教师和卓越教师。三是指教育科研的三个过程：

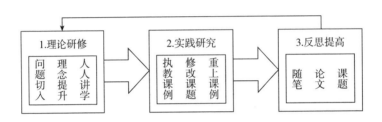

这个机制就是让不同层级的教师选择不同类型的课题做研究，而上一层级的教师要指导和带动下一层级的教师做课题及研究。科研兴师，让每个教师都能在不同的起点上，向高一层级发展。从而实现自我飞跃，享受成功的快乐。因为，只有不断地成功才会有不竭的动力去追寻更大的梦想。

五、设计美好生境

学校是师生生命存在、诗意栖居的家园，校长要本着遵循教育的本质、规律、尊重受教育对象的原则来设计学校的建筑装饰，建设美好的学校物质环境，打造学校每一处建筑的教育生命意义。这样可以潜移默化地影响师生成长。建设美好的校园文环境，包括人文管理的细化、师生文明行为的培养、校园文明的建设等等，这些都是培育美好学校生境的重要内容，既包括物的教育意蕴之环境，也包括人的教育资源之生境。

教育是一个"传道、授业、解惑"的行业，一旦精细操作就显示出文化的差异和精神的差别。校长在办学理念中要贯穿学校精神。学校的发展需要一种精神，学校精神是学校的文化特色、品牌的凝聚和升华。最终通过教育细节决定教育行为，教育行为又养成教育习惯，教育习惯又生成教育文化，教育文化铸就学校精神。

第二节　文化的视觉符号

一、视觉符号的创意

文化的视觉符号是指通过视觉被感知的符号，这种符号文字无需文字说明，也能让人了解其内容、意义。随着人们审美心理的变化以及视觉符号实际功能的增强，视觉符号越来越人性化、简约化、准确化。也许没有比海盗船的旗帜传达出的信息意义更准确更震撼的视觉符号了，一个骷髅头和两把相互交叉的刀，给你的信息是："你快完蛋了！你要么快跑，要么自认倒霉。"视觉符号传播出的信息，简捷、明了，意义生动，这也正是文化视觉符号的重要特征。

文化视觉符号在表达意义上具有跨文化性，在表达人类情感上具有工具性和时空上的超越性。视觉符号的形式，蕴含着人们对符号背后恒定价值意义的记忆和理解。视觉符号的创意要素，在于其形式的新颖、意义的独特、这对视觉产生强有力的冲击，并让受众产生强烈的情感体验。像打靶瞄准靶心那样瞄准意义表达的点，思考和创意出历经千锤百炼的表现形式——符号，让符号承载设计者要表达的信息，并能经久弥坚，让更多的人能快捷识别和理解信息的含义，这就是成功的视觉创意。对于学校来讲，设计学校的视觉符号要考虑学校的性质、主办方的教育意图、所要传递的教育信息等。

二、设计主旨的明确

自由女神像是美国的象征，美国有影响力的形象符号还有华尔街、可口可乐、NBA 等，代表英国文化的符号形象有伦敦桥、白金汉宫、牛津大学、绅士风度等，代表意大利文化的形象符号，有意大利塑胶罗马教堂、文艺复兴、比萨斜塔等，代表中国文化的形象符号有方块字、北京故宫、长城、苏州园林、孔子、唐帝国、丝绸、瓷器、京剧、针灸以及中国烹饪等。作为教育单位的学校，本身就是传承文化的载体，其文化意蕴理应丰富。因此，首先要设计的就是学校的视觉符号，而且要简捷、明了、引人思考，催促立行。

星海小学的校标就是"STARS"——"星之海"。"STARS"是"星"（Star）与"海"（Sea）的英文字母组合，同时"STARS"是"星"（Star）的复数，有星群、群星之意。繁星点点，汇成大海，即为星海。星海小学的校标就是海上升起的一颗星星。

星星状似"X"，两组色带状似"H"，为"星海"两字的首字母，代表星海小学。底下的两条蓝色线条像两个张开的手掌，表示老师和家长的爱如海，共同用爱的双手托起一颗颗星星，成为明日的太阳。这个校标充分表达了我们的教育思想：宽广的教育胸怀与面向每一个孩子的教育，让每一个孩子成星成才，让每一颗星星都闪亮。

同时，我们建设完成了一系列的学校教育文化标志："星之海"校标，《爱在星海》校歌，"香樟树"作校树，"杜鹃花"为校花，"羽毛球、地壶球"为校球，"益智球操"为校操，《星之海》为校刊、《星之苑》为校报，"星娃"为学校吉祥物，以及星海小学铭等。

其实，学校文化标识仅仅是学校文化极小的一个载体而已，很多物化的文化和积淀的精神文化，需要师生的持续体认和创生。在学校文化的形成过程中，校标基因将是一个浓缩的符号，其丰厚的意义需要站在教育主体的视觉，不断地创生和丰富。

星海小学铭

杜鹃山下，兴海路旁；翠绿丛中，紫霞如降。校立巳年，聚百众青春之教师；门开桂月，育四乡稚嫩之儿郎。

学子如星，故以星海命名；教育惟新，诚立日新之铭。责任既在，尽以心力；百年之材，维德斯昌。藉古邑文风之灿烂，乘新城生气之张扬；树现代文明之高标，诵经典诗文之辉煌。

灼灼之杜鹃开兮，又一春晨；郁郁之香樟盛兮，每至仰望。踱长长之诗廊兮，激励情怀；听欢欢之歌唱兮，与之飞翔！

诗曰：

日日惟新心上铭，满园桃李灿如星。

他年回首盈盈意，弦诵声中味最馨。

三、源于主体的视角

自然是最伟大的设计师，没有谁比他更懂得"自然天成"的神奇与奥秘，学校的那些事要生成教育的意义首先要符合自然。星海小学若干细节的背后，正是符合自然主题的视觉，如学校的四季，花开花落，果实的生长成熟，这乃是自然的生命境遇。"你可以坐在我上面，可千万别踩我"这是小庭院凳子上的提示语，将自然拟人化，生动、鲜明的学生行为形象图片凸显"亲、轻、净、敬"，图文并茂，富有生动性和趣味性，对孩子视觉的吸引和冲击不言而喻。怎样体现这些创意源于主体的视觉呢？在学校文化的设计中，人们往往忽略了一个重要的要素——人，而人才是学校环境的主角。对人的引领关键是价值取向的引领，学校把首批 580 个学生的手印在泥坯上，制成手印砖，砌成一面印墙。其中若隐若现的 2013 是为了纪念星海小学 2013 年开办。教育者的创意在于让人知道每个孩子都很重要，我们不是给他们"贴标签"，而是让他们自己感知到他们在学校眼里、在老师眼里是重要的那一个。这个手印墙，其创意深刻。在这里每个孩子很开心，尤其是那些刚刚从其他学校分流过来的学生，他们在原学校是所谓的"高关注学生"，很少有机会得到肯定和表扬。但在这里，他们可以和其他孩子平等地站在一起，这才是真的教育。已经毕业的学生，长大的孩子，还会带着朋友，带着家人常回来看看，一起回味他们儿时的模样。

第三节　文化的价值引领

一、文化在教师的头脑中蕴藏

学会微笑地面对每个学生是教师职业基本要求的具体化，有爱有时有为是教师的价值观引领所在，也是教师的行为最高精神统领，庸者教师和智者教师的区别是：庸者，影响学生的意识；智者，影响学生的一生。换言之，学习老教师也是有成绩的，从高到低到高是明白之师，明辨之师，明日之师。明白之师是指教师能明明白白地教清楚知识；明辨之师是指教师能把握住教育教学规律教育学生；明日之师是指教师能在学生心中烙下教育的持久痕迹，学生一生都记得教师的教育，并终身都能从这种教育中获得生命成长的积极力量。

针对教师成长的类型，学校的教师团队建设，就是让教师如何做学生真诚的倾听者、发现者、陪伴者。在教育教学的过程中，它要求教师把笑脸写在脸上，把情意留在嘴上，把爱意放在心上，让学生感受到教师有爱、有识、有为的教育情怀，这就是教育的深度文化，它扎根于教师的头脑中，外显为具体的教育行为。

（一）教师有爱

爱是星海小学 STARS 教育所倡导的主旋律。"道之所承，师之所存；师之所存，爱之所存。"星海教师秉承美好和善良的爱生之道，把尊重、平等、温暖和关爱传递给每一个学生。向抱着沉甸甸的作业本来办公室的课代表真诚致谢，给予单亲、留守、贫困和学习滞后的学生更多的帮助，让他们有勇气克服困难，近30%的留守儿童和进城务工人员子女，在老师一视同仁的目光里感受到同等醇厚的关爱，课堂上教师给予学生均等的机会，即使是那些性格内向、不敢举手发言的孩子，也能让老师和同学"听听我是怎么想的"，并会因为老师们响亮地叫出他们的名字，而相信在课堂上自己从未被老师遗忘……孩子以自己的方式诠释着对爱的理解，为辛勤的父母泡杯茶，为孤寡老人梳梳头，为老师送上自制的卡片，轮流背着行动不便的同学穿梭在校园里，让他们呼吸到新鲜的空气，沐浴着温暖的阳光……《爱在星海》的校歌每天准时响起，如水的爱在星海校园随处流淌，孩子们用一颗自由与爱的心灵，迎接每天的朝阳。

（二）教师有识

学校最美的风景是教师的"背影"，教师的有识会让学生欣赏、钦佩。规划、培训、交流是学校建设有识教师队伍的重要途径。一是有目的的规划。为推进教师团队的发展，学校拟定了教师专业发展建设方案，把教师成长分为四个阶段：初任教师、胜任教师、精通教师和卓越教师。初任教师一般是指刚走上岗位的师范大学毕业生，这个阶段的老师重在模仿、学习、吸收；胜任教师要在掌握基本技能的基础上，习得教育教学的方法，让工作如鱼得水；精通教师则要在教育教学上有所精进、精通，不但要有方法，还要有智慧，在一举一动、一颦一笑的小细节中反映出工作很在行；卓越教师则独树一帜，不但要有方法、有智慧、有理念，还要有深扎灵魂深处的信仰。在这四个阶段中，教师通过自主申报，成长积累，考核测评等环节，不断提升有识的高度。二是多形式的培训。第一是结对分层培训，制定新老教师之间的帮扶制度，明确帮扶的内容、形式、时间及预期成果，同时对不同层次的教师进行分层培训：指导新教师能上课；指导有一定经验的老师上好课；指导骨干教师上好示范课。第二是"全员和个体培训"。学校严格执行培训机制，保障每周 50 分钟集中学习时间，开设"星海讲堂"，请省内外教育大家给教师谈理念、讲方法、解疑惑。第三是"解剖和自我培训"。采取"请进来，站上台，走出去"的方式，发挥名师、骨干教师的带头引领作用，为名师、骨干教师的自我剖析和自我培训提供平台。三是常态化的交流。学校与国外学校结对，与新西兰、英国诺丁汉伍德学校利用网络建立"双师课堂"，建立师生互访、互派教师学习制度，常态化的对外交流，是星海的教师成长进入常态化的发展阶段，教师自身也把交流学习作为专业提升的一个平台。

（三）教师有为

教师有为，主要体现在教师自觉秉持正确的教育价值观，规约、指导自己的教育行为。教师的价值文化在教师的头脑中蕴藏，一所学校的文化，由于个体头脑中的共同认同的价值文化组成，因此教师头脑中价值文化的引领至关重要。文化是内在于心的价值观念、思维模式、行为方式，以无形的力量规约人的行为和引导人的发展。积极向上、创新进取的教师行为文化，能够促进教师自警自省、自尊自重。全校教师"星星读我心"朗读者活动就会在充满书香的教工之家每月举行一次，每次总有五六位老师带来他们的阅读分享。他们读《平凡的世界》《活着》《好好说话》等文学类作品，读教育名著《薛瑞平班级日记》《静悄悄的革命》《与大数据同行》等，读后进行分享。在边读边研边做中，对教学问题进行全新的理解和认识，文化的自觉有为时时涌动。

二、文化在校本课程中体现

星海小学自2013年开办之日起就恪守"日星日新"校训，秉持"让每一颗星星都闪亮"的办学理念，从培育学生核心素养入手，确立了以德育作先导，智慧教育做后盾，兼顾发展艺术特长的教育思路。学校积极响应课程改革，构建"五星六环"STARS课程体系，注重学生能力与素养的培养，注重"知识、能力、素质"协调发展，全面推行素质教育。实施国家课程校本化、校本课程特色化、社团课程多元化、活动课程主题的"四化"策略。学校突出学科课程、推进地方课程、培育校本课程，在五星六环的课程文化建设的基础上追求课程实施的"四化"。

（一）国家课程校本化实施

强调将学科课程的课堂教学质量观转化为课堂教学效能观和师生共生课堂的课程观。具体要求转变教师教的方法，从而得到学生"学"的方式的转变，进而提高课堂学生学习的效率，而非教的效率。同时，学校积极引导教师探索"减负提质"的学科教学课程教材"处理加工"策略，精心与学生共生共创合作学习的课堂生态，引导学生自主参与、创生和细化课堂环节，变革"唯教材是举"的课程观，挖掘教材的"可学性"，增添临时课程资源的"鲜活性"，把课堂生活还给学生，突出学生自主、合作、探究主体性的校本课程观。

我们对国家课程进行整合，培养学生学习兴趣。例如，每周语文课单列出 0.5 课时进行阅读指导；英语课单列出 0.5 课时进行课本剧表演，实施大量的阅读，增强学生语言理解和表达能力；数学课单列出 0.5 课时进行逻辑思维训练；科学课单列出 0.5 课时进行七巧板科技训练，培养学生思维能力、想象能力、观察能力和动手实践能力；音乐课单列出 0.5 课时为合唱教学；体育课单列出 0.5 课时进行羽毛球教学，引导学生进一步体验基础课程的乐趣。

（二）校本课程特色化实施

每周设置两节校本必修课程，一节"云厨房"，一节"合格小公民"。

"云厨房"课程，以"看视频，做美食"为契机，每周教给孩子一道菜品。教给孩子简单处理美食的技巧，让孩子自己动手烧制。从中让孩子们体会劳动的快乐，培养孩子的动手能力，掌握基础的生活技能。

"合格小公民"课程，以"改陋习，养品行"为目标，每周前制定本周"陋习修正"计划，每天自我督促自己言行，并记录下来，并在周末小结。通过这样的活动，培养学生自我管理的能力，逐步养成良好的品行习惯，做一名合格小公民。

（三）社团课程多元化实施

充分利用社会资源，聘请具有高水平专业技能的志愿者与学校教师形成所导团队，利用每周五下午两节课时间，开展健康与活动、审美与音乐、创意与美术、观察与社会、创造与科学、技术与应用、沟通与文化、生活与自然这八大类社团课程。具体有足球、乒乓球、民族舞、合唱、创意手工、素描、国画、文学社、魔术、航模、彩泥、科技小制作、3D 梦工厂、数位板小画家、英语课本剧、小星星志愿者、小小面点师、小记者等多项兴趣课程，激发学生的自主参与性，提高学生的学习兴趣，提升学生生活品位。

（四）活动课程主题化实施

学校结合传统节日及特设节日有针对性地开展特色活动，如"春节送温暖"活动、"元旦包汤圆"活动、"清明捣麻糍"活动等等。学校根据学生学段年龄特点开展的亲子教育节、十周成长礼、我的毕业季等主题活动。另外还有根据五大课程设置的"校园节日"活动，一月"我们的文化节"、三月"我们的科学节"、六月"我们的艺术节"、九月"我们的阅读节"、十一月"我们的体育节"。

通过活动的开展，引导和帮助学生养成热爱生活、团结互助的优良品德，培养学生自我管理和相互交往的能力。力争让学生在实践中体验生活，在生活中感受道德，在道德中获得喜悦，在喜悦中感受成功，在成功中享受生活的美好。

三、文化在家长的叙事中传播

一所学校成功的关键是学校所有的工作人员、家长、学校学生和社区共同承担教育责任或者建立"教育上的合作伙伴关系"。有研究表明，当父母积极地参与到对他们孩子的教育之中时，儿童在学校中表现会更好。星海小学是一所生源状况复杂的学校，大部分学生来自城郊附近的农村，还有不少外地务工家庭的学生。对学校而言，与这些学生的家长取得联系，并鼓励他们积极参与学校的教育教学活动一直是一个挑战。

世界上最容易落伍的东西是观念和意识。班级授课制是工业社会的产物，家长认为教育的基本任务就是培养高效的应试者。家长的教育观念一直源于对现实社会的看法和自我体悟，尤其是对自身生活环境以及人生态度、人生旅程意义的理解，这些观点融入了他们对孩子的培养和教育。家长怎么看待学校的教育教学行为是需要沟通和交流的？教师留给家长的最好印象应该是：课堂教学游刃有余，教师真诚地热爱每一个孩子。如果教师把课堂教学变得活泼有趣，把为人师者的爱传递给孩子，学生对教师的课堂教学就充满了期待；如果学生同样爱着教师，就会把这种正能量传递给家长。孩子成为学校文化的直接传播者，久而久之，家长也成为这种学校文化的认同者、欣赏者、传播者，甚至还会向周边的家长进行推荐和"炫耀"，这时家长成了学校文化的叙事者。

家长是学校文化的践行者与协调者，学校要积极寻找让家长参与学校活动的策略。在星海小学开办之初，学生在校学习期间，从未到过学校的家长大有人在。在家长眼里，把孩子交给学校，剩下所有的事情都是学校的责任，寻求家长参与学校活动的策略就变得尤为重要。幸运的是，学校拥有一个积极参与和支持学校工作的家长委员会，通过家长委员会，学校能客观及时地了解家长们的一些真实生活情境，以及家庭教育的实际情况和困难，也找到了与家长多渠道有效沟通的策略。其一是开学第一课，在学生新生尚未入学的时候，针对所有的新生家长，开展新家长学校的第一课，这是星海小学迎接新生和新生家长的特殊仪式，已经成为星海特有的文化。第一课的主要内容是帮助家长端正教育教学观念，向家长介绍学校的办学理念、学校概况、新生入学须知、家校如何沟通与合作等。其二是新家长学校。新家长学校是由每届学生的监护人组成的学校。新家长是指变得了观念，改得了旧习，跟得上时代，与时俱进的新型家长。新家长学校，旨在通过六年的沟通与学习，达成与学校一致的教育教学观、学生成长观等，以更好地指导学生健康成长。新家长学校开课的时间在第一年分四次左右集中授课，第二至第六年每学年两次进行集中家校沟通和交流，平时则采取多种形式进行个别交流。在家校沟通中，学校采取了多种策略以保障沟通的有效性，每学年学校会为每一个家长呈现一份学校的年度报告，平时还有家校联系本和电子媒体技术媒介的沟通等。通报学生的成绩和表扬学生的进步，也是促进家长参与家校活动的一种有效激励，其他沟通形式有微信、短信、电话、便条、到校访问、到家访问等。在家校合作过程中，学校起着积极主导的作用，学校邀请家长给孩子们读书、演讲、讲故事，谈他们创业的故事和工作，他们对工作的看法、职业的兴趣、业余爱好。他们的生活情况与教育知识背景，或与学生共同探讨教育，针对教育问题的看法等，只要家长认同的学校理念，认可了学校的教育行为，才会主动参与到学校的教育行为中来。做学校活动的志愿者，做学校教育的建言者，做教育实施行为的合作者。星海小学的家长在学校上学、放学时到校门口做志愿者，维护交通秩序，保护学生安全，在图书漂流活动中与孩子共享阅读的乐趣，在周末组织的校外辅导实践中做业务辅导员，这些举动充分展示了家长群体对学校文化的认同与传播，他们成了学校文化的叙事者。

第四节　文化的实践反思

一、文化在细节中的生命

学校文化的细节最重要的是要有生命，所谓文化细节的生命就是要求学校的文化，扎根于孩子的心田，孩子能驻足、喜欢看、留记忆、成习惯。否则学校文化就没有教育生命的痕迹。比如，我们教育孩子每天学习完毕离开座位时，必须要把桌面上物品整理干净，该扔的垃圾带走，课本作业放进书包，最后还要把椅子推进桌肚，以便让里面的同学进出。这个小小的习惯动作，从老师们做起，在孩子们身上落实。每一次教师会议之后，会议室的桌子、椅子都能够恢复到先前模样，干干净净、整整齐齐，省却了许多清洁工人的劳动。而大部分学生的教室，也能够做到这样。有一次，督导部门派专家到学校进行学生问卷调查，学生在完成答卷后，毫无例外地把桌面整理干净，把椅子推进桌肚下面，双手捧着试卷交给负责的老师，令在场的老师十分感动。在反馈环节，那位负责问卷的老师不止一次地表扬和赞叹：星海的孩子习惯好、有教养，这正是文化在细节中的生命体现。

二、文化在反思中的成长

学校教育行为从广义的角度讲也是一种文化，对这些行为我们作为教育者往往是缺乏反思的，把惯常的做法视为理所当然、理应如此，殊不知一些惯常行为对孩子的成长是欠妥的，甚至是有害的。如果我们不反思，仍然照此实施，但那将会贻害孩子的生命。试就一些惯常的教育行为进行反思。

反思大课间做广播体操。广播体操的准确称谓，还需要在前面加几个字——"全国第几套"，学生长期重复不变地做某套广播体操，自然会产生审美疲劳，丧失新鲜感，也就不会认真投入地去做。为了让学生认真做好广播体操，许多学校采取的做法是，强制性的要求、统一化检查、竞赛性评比，并纳入班级德育考评。这些做法看似平常，貌似有效，殊不知其实已经发生了教育的错位。首先，让学生做广播体操的目的是什么？锻炼身体。如若学生视作广播体操为一种不得已而为之的负担，是为了获得好的评价，是为了给班级争荣誉，那么学生做操的目的就偏离了本质的初衷，成为一种功利的行为。其次，做广播体操已经让孩子生厌了，那说明这件事本身就存在问题。也许这可以归因到学校没有让孩子明白锻炼身体的重要，如若如此，锻炼身体也不一定非得做操啊！可以跑步或者选择其他的运动方式，广播体操是否太成人化了，编排的动作是否吸引孩子等，都是需要反思的。最后再回到大课间体育锻炼这个话题上来，我们可以做广播体操，也可以做韵律操，还可以跑步，甚至可以让孩子跳自己喜欢的舞蹈。也可以一、三、五做操，二、四跑步。或许有人会说学校场地有限，学校学生太多，不能跑步，那能不能一部分班级跑步，一部分班级做操呢？更可笑的，还有什么广播体操标兵评比，那简直就是再一次把身体健康蜕变为德育活动。它有整齐划一的动作，没有学生自由个性的绽放，有的是集体荣誉，缺的是个性表达。记得在一次全国交流会上，参观某校的课间操，该校全体学生按做广播操的队形队列站在操场上，播放的音乐跌宕起伏，张弛有度，学生随着音乐自由起舞，想怎么动就怎么动，想怎么跳就怎么跳。那些孩子忘我地投入和愉快的表情，至今让人难忘。其实，我们只要抓住课间操的教育本质，我们的教育行为就可以不断地改变，不断地创新，真正做到以学生为本，而不是对学生的需求，熟视无睹，麻木僵化。

反思学生戴红领巾。红领巾已经戴了十几年，也戴了几代人，我们可不可以不用每天都戴红领巾呢？更不应该把它作为一种评比检查的项目，若有人反对，那么亦如让成年男人每天都必须戴领带，女人每天必须围围巾一样荒唐可笑。有的教育者说这是德育，那么可不可以创新让学生在周一升旗的时候及其他仪式、重要活动时佩戴，其他时间可以不带呢？

反思学生在学校里向老师问好。文明礼貌习惯的培养，本是无可非议的。可是，到了学校里偏偏要求学生见到老师要立正、敬礼并问好。也有几位教育者反思过，为什么小学生爱这样做，中学生少之，高中生更少之呢？大学生这样做可能还会遭到同学的反讽呢，难道小学生才该讲礼貌？其实，文明礼仪是我国的传统，但我们的文明礼仪是建立在等级观念上的。为什么一定是学生先向老师问好？难道老师先问好就降低老师的尊严了吗？甚至我们学生在向老师问好的时候，老师并非都郑重地回礼，个别老师更是置若罔闻，认为学生向老师问好是理所应当的，老师不回应学生也是理所当然的。殊不知，学生问好了，如果得不到老师的回应，孩子心中就潜移默化地形成等级观念，在学校里认为老师尊、学生卑，将来步入社会，会认为成人尊、孩子卑，强者尊、弱者卑……这是反教育的，其危害影响深远。

反思我们的校园喧闹。从小学开始，一到课间时间，校园沸腾，喧闹嘈杂，此时，老师就大声训斥："不要大声喧闹！"这句话本身就是大声的，学生一转身又恢复常态。其实，不怪孩子，老师从来没有告诉孩子该怎么发声，在不同场合应该发出什么样的声音，甚至给学生示范本身就是错误的发声方法和说话习惯，如生气时的大声训斥，习惯不分场合的大声说话等等。星海小学对此进行深刻反思，总结出要给声音分级，并教育、引导学生在行为中去落实。

声音的分级

在中国大多数的学校里，学生一下课高声喧哗时，老师就会规诫说："不要大声说话，小声点。"学生不明白怎样才算小声点，下次又犯。最近看了一则资料，说美国的教师把声音分成五级，很受启发。五级的音量是这样的：一是不出声，如考试时；二是耳语，如大家在自习，突然遇到问题要问同桌时；三是小声问话，如与同桌讨论时；四是正常声，如集体讨论时，集体订正作业时；五是高声，如上体育课回答老师点名时的报数，野外喊人时。

这样的分级学生清楚明白，且了解声音大小的"实质意义"，因为所举的例子都是来自学生的生活。看来，我们平时苦口婆心，却没有找到好的教育方法。为此，我们将这一经验分享给全校老师，相信在不久的将来，我们学校的学生会做到"动时如兢兢玉兔，静时如慵慵白鸽"。

老师的回应：学习了"声音的分级"之后，与学生分享，并引导学生以此来要求自己，养成分级用声的习惯。

该反思的教育行为还有很多，该不该学习这么多门类的课程，在小学阶段该不该把学科分得这么细？该不该把英语作为升学考试科目？该不该把德育作为一门学科来学，增加了课时就有效果吗？只有在反思中，才会不断地丰富教育的正能量。

三、文化在实践中丰富

多年来，星海小学致力于为学生营造优美的生活场域，把文化与自然相结合，融知识性、趣味性、教育性和审美性等全方位信息于一体，让学生置身于一个唯美的环境当中，让教育浸润其间，让学生得到艺术化熏陶的同时，潜移默化地变得优雅起来。

（一）会说话的学校

走进星海，你会发现这里的每一处建筑都是经过精心设计的，一进入校园，便被深刻浓郁的 STARS 气息包围："日星日新"文化石体现了 STARS 教育理想和目标，"日星日新"即为"日日有星日日新"。"日星"是指学生全面而有个性的发展；"日新"则指学校、教师、学生每天都有发展，取义于中国儒家经典四书之一《大学》的第三章"苟日新，日日新，又日新"，意为"如果能够一天新，就应保持天天新，新了还要更新"。文化墙"星海小学铭"由县诗词楹联学会会长汪超英撰写，中国书法家协会会员俞伟文书，素雅的墙面配上诸如"日日惟新心上铭，满园桃李灿如星"美好教育愿景，励志校园人；STARS 文化大厅里"让每一颗星星都闪亮"的教学目标醒然入目；教学楼中抬首，可邂逅"诗词长廊"，长词短诗有序排列，雅致美观，让孩子们每日熏陶在诗风古韵中。版画、点彩画、少儿水彩，STARS 的优秀作品在"艺术长廊"中被展示；STARS 宣传橱窗里有星海文化顶层设计、校球介绍、学生主题作品展等；四季换装的银杏大道，上下学等候专用的人性化紫藤棚架……浓烈的校园文化气息处处可见，时时可感。

（二）会流动的色彩

现实生活中，常生活在城市的孩子们都患有大自然缺失症，缺少与大自然接触的机会，若长期不走出城市中的"钢筋混凝土森林"，会导致"季节感经历"的缺失，甚至不可能分辨四季色彩。孩子们希望校园里有着四季更替的不同色彩和芬芳，这是孩子对美的期待，更是对生活的热爱。于是星海小学用不同的色彩描绘了校园的四季，描绘了一个色彩斑斓的世界。春天有粉色的杜鹃、金黄色的迎春、紫红色的圣诞红、泛紫色的薰衣草；夏天有乳黄色的鸡蛋花、花奶白色的含笑、粉紫色的紫薇花、米白色的白玉兰、朱红色的鸡冠刺桐；秋天有红色的凤凰木、紫色的紫薇、金色的桂花；冬天有粉红的炮仗花、粉紫色的玉堂花、深紫色的马缨丹。花儿按照各自的时令，次第开放，自然的缤纷色彩把校园渲染的甚是可人，真实的色彩浸染了孩子美好的童年。

除了四季缤纷的色彩，星海的校园还四季飘香，美术功能教室外高高的黄角兰，散发出淡淡的馨香，孩子们的画作也因此活色生香；遍布校园的月季，月月盛开，随时都有"星海月季遍地香"的景象。

自然界季节的更替，正如我们生命历程的不同阶段，都有着不同的精彩，只有懂得欣赏生活的色彩，才能用双手创造出丰富的色彩，才能绽放出生命的色彩。

（四）值得留恋的童年

在星海小学，教师和学生一样都能找到童年的回忆：融文化于建筑一体，校园五幢特色楼宇分别是健星、德星、智星、慧星、艺星楼，五星楼体现学校重健康体魄，以德育为先，智慧教育做后盾，兼顾发展艺术特长的教育思路。校园最北面的一块 1000 多平方米的空地，建有一座孩子们喜欢的小木屋，内设"星海云厨房"，人人可以自己动手做面点。开辟了星海"农园智慧实践基地"，里面装有自动浇灌科技制作，还有无土栽培技术。常有师生们踏入实践基地，进行农事观察和实践。这里有应季的果蔬，有盈盈荷池，还有藤蔓攀爬的谈心亭。看着孩子们"跳房子"，欢呼雀跃，摆弄自己的创意作品，老师们也似乎回到了唯美的童年时光，忍不住驻足欣赏。有的干脆加入孩子们中间，找回自己当年的模样。清风悠悠地吹，小鸟轻轻地唱，我们来到美丽的星海，每天都能看到真、善、美的种子在发芽。孩子们只有在快乐的环境中才能感知生命成长的惊喜，才能体验到精神勃发的愉悦。

第三章

点亮星星

朱熹说：小立课程，大作功夫。课程，是学校最重要的产品，是学校一切工作最终的物化体现，是一所学校师生能力和水平最有力的证物，是学校的核心竞争力。多年来，我们坚持以学校课程体系建设为抓手，实现学校内涵发展的系统性突破。STARS 教育"五星六环"课程体系强调把学校当成一个真的"我"，时刻作审辩式的哲学思考："我是谁？我来自哪里？我为什么出发？我要去向哪里？"从而科学规划愿景，适时调整方向，尽快付诸行动，创造"一切都不曾重复，一切都独一无二"的 STARS 课程，用课程点亮星星。

第一节　课程理念

一、基本主张

如何建设并完善 STARS 课程体系，我们认为应坚守一个信念，形成两种意识，把握三个观念，这是我们的基本主张。

（一）坚守一个信念

《国家中长期教育改革和发展规划纲要》通过（2010—2020）指

出，"为每一个学生提供适合发展的教育"。在我们看来，提供适合学生发展的教育，其实质就是提供适合学生发展的课程，没有课程作支撑，再好的理念也只能是空中之阁、水中之花、镜中之月。美国课程论专家菲利普·泰勒指出："课程是教育事业的核心，是教育运行的手段。没有课程，学校就没有了用于传达信息、表达意义、说明价值的媒介。"在学校，课程是教育的核心因素，课程建设是学校工作的关键领域，课程实施是学校内涵发展、教师专业发展和学生全面发展的首要途径，这些认识都把课程摆在了学校要素的核心部位，抓住了学校内涵发展的关键环节，站稳了学校发展系统性突破的制高点。STARS 五星六环课程体系在强化课程内容的全面性、基础性、均衡性的同时，更加突出课程设计的多样性、差异性、创造性和可选择性，也更能满足学生学习、生活和个性发展的多样化需求，最终指向学生核心素养的发展。

（二）形成两种意识

学校课程体系建设要求学校和教师，形成两种意识，一是课程意识，二是课程体系意识。课程意识，主要涉及"课程是什么"的问题。关于课程，虽然现在有诸多的鉴定，但众说纷纭。例如，把语文、数学等学科看作是课程；把教学从计划到实施的过程看作课程；把每门学科的课堂教学看作课程；也有把学生的经验习得和学习结果看作是课程等等。在我们看来，课程的范围远远不止这些。美国教育家杜威曾经说过，"生活的内容就是教育的内容。"另一位美国教育家毕特也说过，"生活的世界就是教育的世界，生活的范围就是课程的范围。"我国人民教育家陶行知早就宣称："教育要通过生活才能发出力量而成为真正的教育。"STARS 五星六环课程体系，基于大课程理念，它强调学生的学校生活就是教育或者课程的基本内容，不仅包括学生的知识学习、能力培养、素养孕育和人格养成等方面的内容，还包括学生成长、成人、成功所需要的多方面内容。既涵盖学校教师所教授的各门学科，以及有内容、有目的、有计划的教育活动；还涵盖各种有形无形的对学生学习、生活、交往乃至成长的各方面教育内容，均纳入课程范围。因此语、数、外、体、音、美需要学生学习，每周的国旗下讲话和班队活动对学生来说也是不可或缺的，连学校"每一种会说话的墙"都会对学生产生潜移默化的影响。正所谓"一事一物皆教育，时时处处皆课程"。

课程体系意识则要求系统地、整体地、完整地看待所有的学校课程及相关安排。所谓课程体系，是在一定的课程理念指导下，将所有课程的各个要素加以排列组合，在动态过程中实现课程目标的系统。从系统论的角度讲，课程体系是由众多课程要素有序组合而成的整体。课程体系围绕特定的课程理念逐层展开，涉及课程目标、课程内容、课程功能、课程实施、课程评价和课程管理等六大基本要素。其中，课程理念起主宰作用，从源头上决定了课程体系的样态。

学校课程名目繁多，呈现出多种属性和样态。从课程来源看，学校课程可以分为国家课程、地方课程和校本课程三级课程，现在还有社区课程、家庭课程等；从学习内容看，可分为语言与阅读、数学与科技、品德与健康、审美与艺术等若干领域；从实施路径上看，有学科课程、活动课程、实践课程、社团课程和环境课程之分；从课程功能上看，有基础性课程、拓展性课程、选择性课程、综合性课程之分；从学习形态上来看，有必修课程、必选课程、自修课程和自选课程或者普修、专修、精修之分；从外显形态上看，还有显性课程和隐性课程或隐蔽课程之分。具体来说，一门课程往往同时具备上述多种属性的样态。例如语文就是兼具国家课程、学科课程、语言与阅读领域课程、基础性课程、必修课程、显性课程等多种属性。类似的，我们可以将任何一门学科课程都做这样的要素分析和属性分析。同样，各种主题教育活动则是地方课程、拓展性课程、活动课程等属性和样态的集合体。而学校的文化墙、理念墙，甚至是学校的庭院绿植、标志性雕塑，也具有不同的课程属性和样态。由于每一门具体课程具有多种属性，因此，除了对这些课程进行必要的属性分析外，还要在逻辑关系上做细致梳理，将这些课程要素、属性和样态梳理清楚，这是建设课程体系的基础性的工作。课程体系的建构体现了一种系统设计、自主建构和整体设施的框架思路，因此，要秉持一定的理念和价值观，在具体操作过程中不能只关注课程内容多寡、新旧、难易的问题，而更多的要突出课程的育人功能、体系结构和实现路径等问题。

（三）把握三个关键

一是站在"整体育人"的高度来设计课程体系。

学校课程体系建设要突出育人功能。国家教育方针、素质教育战略主题和学校育人目标，具有内在的一致性，实际上都在回答培养什么样的人的问题。国家教育方针明确提出培养德、智、体美全面发展的建设者和接班人。素质教育战略主题主要强调要重点培养学生的社会责任感，创新精神和实践能力，这些内容都是不可或缺的。最终，集中体现在学校个性化表达的育人目标之中。我们甚至把育人目标进行校本化具体阐述。欧美国家特别强调21世纪技能的培养，我国也正在研究中国学生的核心素养框架，其中的重要内容都可被我们吸收、整合到学生学校育人目标当中来。因为育人目标是课程体系的运用的依据，它规定了课程的内容范围和功能性质。学校要培养什么样的人，才要开设什么样的课程。因此我们在设计课程体系时，细致追问开设一门课程到底要发展学生什么，课程开发、科目设置、具体活动的策划安排，甚至是课程的评价，都要考虑到学生的发展。如传授知识、掌握技能、培养人格、提升素养等。据此，巧妙实现育人目标和课程目标的对应转化。STARS 教育五大核心素养即德行操守、人文涵养、科学实践、艺术素养、身心健康等，其建构的课程与育人目标一一对应，紧密连接。基于学校的办学基础、历史文化、立足自身的教育追求，具象出不同的形象，凝练出具有标识性的育人目标。

二是搭建科学合理，充满活力的课程结构。

课程结构是课程体系的外显形态，是对课程的各种要素其关系的总体反映，它既是对课程的质的规定，反映出课程内在的价值取向，又是对课程逻辑关系的深层次理解，决定着课程实施的具体形式。首先把课程的内容划分成若干课程领域，比如德行操守、人文涵养、科学实践、艺术素养、身心健康等课程领域，划分有明确的逻辑依据，建立起自己的课程逻辑。第二步，把每一领域内容视为一个客群群落，包含许多具体的科目，这就形成横向上的课程类别。在每个课程类别中，由于各门课程的方向、水平、深度、广度、效果等存在差异，因此蕴含着不同的功能。按照课程功能再在横向课程领域进行划分。横向和纵向课程功能的划分，纵横交错，有机搭配，就可以搭建适当的课程关系结构。第三步，选择多样化的实施方式，考虑到课程实施的时空条件，采取长短课、连排课、大课小上、小课大上、主题整合课、兴趣选修、社团活动等多种方式。在这方面学校有几年的创新实践，取得十分可喜的效果。第四步，选用适切的评价方式。课程目标、课程内容和评价方式都存在一致性、相关性。课程功能不同，课程评价方式也可不同，很多课程未必非要考试。方式上呈现多样化，给学生释放空间，以评价促进课程目标的最终实现。

三是努力追寻课程体系建设的价值和意义。

有课程专家从课程实施的角度，把课程描述为四种状态，即预设的课程、计划的课程、实施的课程和达成的课程。这充分体现了课程体系建设是一个不断深入，不断探索，不断提升的过程。这不仅需要学校在完整的、系统的、整体的思考的基础上设计、建造和实施，还需要做好一些配套工作，比如制定和完善学生学校课程实施方案，具体编制学校的课程纲要，细致、细心撰写具体科目的教学计划和活动方案，逐渐健全学校课程管理制度等。同时还要梳理好经验、好做法、遴选特色课程精品、经典课程，使其成为学校特色的重要元素。实践中我们发现，学校的课程体系在实质性进展过程中解决的重复交叉的一些内容，减轻了"校源性负担"，为学生轻松愉快地学习成长提供非常好的平台。学校课程体系的建立，使校本课程精彩纷呈，优质课程、特色课程、精品课程不断涌现。学校的大课程的逐渐树立，校长课程领导力显著提升，教师参与课程，热情和创造力不断萌发，并成为一种状态。助推学校内涵发展，从此催发新的生长点。学校通过课程体系建设，上接国家教育方针及国内外课程发展趋势，下接学校的课程结构和课程具体实施，由此辐射开去，从课堂教学到社团活动开展，到学校各个方面特色的建设，打通了学校工作各个环节，形成了联通联动互动效应。我们始终坚持积极营造"有人性、有温度、有故事、有美感"的学校生态。坚守"本真、本位、本质、本色"的基本原则，实施"从心、真心、用心、精心"的推进策略，遵循"看法、想法、办法、做法"的实践路径，树立"品性、品质、品牌、品位"的衡量标准，实现"底色、本色、彩色、特色"的文化表达，即从始至终要做到"博学之、审问之、慎思之、明辨之、笃行之"。

二、校情分析

（一）学校环境优美，教学设备完善，办学起点高

星海小学是一所全日制公办小学，位于风景秀丽的国家级生态县城区东部。作为十二五期间政府十大"实事工程"之一，于 2011 年 12 月破土动工，2013 年 8 月全面建成。学校占地面积 33398 平方米，建筑面积 20571 平方米，绿化面积 10075 平方米。规划设置 48 班规模，2013 年秋季学期开办并招收学生。

学校环境优美，校园设施先进，教学装备精良。所有普通教室全部安装高清交互教学一体机，设有近 30 个功能齐全的专用教室，有高标准的实验室、音乐室、舞蹈室、美术室、电脑教室和图书阅览室等，还有篮球场、羽毛球场、田径运动场、天然草坪足球场等超大空间的室内外运动场地，并设有供学生自主探究的综合实践基地。这一切设施使人置身于良好的环境氛围中，为推进 STARS 教育提供了良好的物质条件。

（二）学校理念先进，办学目标明确，社会认可度高

学校恪守"日星日新"校训，秉持"让每一颗星星都闪亮"的办学理念，从培育学生核心素养入手，确立了以德育作先导，智慧教育做后盾，兼顾发展艺术特长的教育思路。我校积极响应课程改革，构建"五星六环"STARS 课程体系，注重学生能力与素养的培养，注重"知识、能力、素质"协调发展，全面推行素质教育。学校重视学生科技、体育、艺术素养的培养，建立青少年活动中心流动站点，开展丰富多彩的社团活动。在校学生自信快乐，踊跃参加各项活动，形成具有本校特色的 STARS 教育品牌。

（三）教师年轻有活力，教学业务能力强

学校目前有在编教师79人，高级教师5人，中高级教师占专任教师的48%，教师平均年龄31.8岁，本科及以上学历比例为83%。教师专业能力突出。学校教师年龄结构比例合理，新教师所占比例较高，各学科不乏年富力强的能够起到引领作用的骨干教师。

（四）学生差异明显，家庭支持力不高，家校沟通需求突出

中国的家庭教育，城市比农村重视，城市比农村投入得多，这是中国家庭教育中最大的城乡差别。学校地处城郊接合部，所辖学区内学生素质差异明显。大部分家长学历在高中及以下程度，家长在教育子女问题上方法简单粗暴，他们认为教育只是学校单方面的任务。为此，对于学生学习，家庭予以的支持微乎其微，这给学校教育带来极大的困扰。为此，学校在教育学生的同时，还需要对广大家长进行合理有效的家庭教育方法，全面端正家长的教育价值观。

（五）推行智慧教育，建设数字化校园，深化课改初显成效

学校依托先进的教学理念和完备的设施设备，在全县率先进行智慧校园项目的研究与实践。学校本着"统一规划、分步实施、层层落实、注重实效、适度超前"的原则进行数字化校园建设整体规划。从移动互联、智慧管理到了智慧课堂的研究层面，智慧互动课堂的研究步步深入。学校参与教育部课题《互联网＋时代教师教育信息化区域推进战略研究》的子课题研究，并成为试点区域的试点学校之一。另外，学校积极开展课程改革，打造精品校本课程。通过这几年的课程改革实践，编写开发了《宁海传统节庆面点》《诗词读本》《纸艺花》《儿童水彩》《地壶球》校园五大节日等一系列课程，其中《宁海传统节庆面点》课程荣获浙江省第四届义务教育精品课程，其配套微课程视频入选浙江省智慧教育资源库。学校成为浙江省标准化达标学校、

宁波市课程改革首批样本学校、宁波市智慧教育首批示范学校，浙江省学科数字资源建设基地学校。

三、目标定位

（一）课程建设的指导思想

积极推进新课程改革，以培养学生的实践能力和创新精神为核心，以"轻负高效"为根本目的，实现学校各类教育教学资源的充分利用和最佳配置，分阶段、多形式、有计划、有步骤地推进选修课程开发，不断完善课程体系，彰显学校"SRARS 教育"特色，积极推进学生个性发展，促进学生共同成长，为培养和造就高素质的劳动者、专门人才和创新人才奠定坚实基石。

（二）课程建设的总体目标

坚持"日星日新"教育理念，以智慧教育为抓手，以 STARS 教育为载体，以学校特色发展为动机，以学生个性化成长为根本，积极拓宽办学渠道，努力追求办学的多样与选择，积极建设适合学生成长需要的"五星六环"STARS 特色课程体系，努力追求课程的多样与选择，为学生的有效学习和未来发展提供多样的平台，把学生培养成为高素质的公民。

（三）课程建设的基本原则

1. 基础性原则

课程设置重要考虑有利于每个学生的发展，适合每个学生的发展，促进每个学生的全面发展。因此，首先保证基础性课程数量齐、质量高、涉及面广，为了保证基础核心类课程的高效完成，还专门设置了基础拓展类课程，充分保证在基础教育阶段为学生发展奠定坚实基础。

2. 兴趣性原则

没有兴趣就无法认真学习。学校课程设置，在保证为学生打下扎实基础之外，还要考虑到学生的学习兴趣，学校在设置课程中，充分听取老师、家长，特别是学生的建议，充分考虑学生的需求和选择，尽可能满足学生的愿望。

3. 灵活性原则

在内容设置上，坚持基础核心类课程的主导地位，同时，在基础核心类课程基础上，开发多元教育模块课程。

在授课形式上，大课（以全校、全年级段为单位）与小课（以班级、学习小组、社团等为单位）相结合，长短时限（一周、一个月、一个学期、甚至一个学年等）相结合，长短课时（1小时、40分钟、20分钟、甚至10分钟不等）相结合。

4. 多样性原则

课程设置内容面向全体学生，既保证所有学生完成小学阶段必需的学习任务，又为适应学生天赋和需求提供多种选择。力争打造多种平台，采取多样形式，构筑联动渠道，做到"上不封顶，下要保底"，努力满足每一个学生的发展需要。

5. 整合性原则

课程设计突出课程设置的前瞻性、综合性和创新性，做到"三个有机结合"，即"国家课程、地方课程和校本课程有机结合""德育、智育、体育、艺术教育有机结合""国际教育、现代化教育和民族传统教育有机结合"。这样的课程设置，必将为培养创新型人才、综合型人才和国际化人才奠定坚实基础。

（四）育人目标

学校的"STARS"课程围绕"全面与个性"构建，发展为学校特色的"STARS 教育"。我们认为教育的真谛在于使知识转化为智慧，使文明沉淀为人格，使"他"成为"他自己"。仅仅重视知识传授的教育是畸形的，教育应该包括知性和感性的学习，愉快的生活、健全的人格、和谐地与人与环境相处的能力，培养独特的个体更为重要。为此，培养"立德树人、快乐学习、全面发展、个性张扬"的时代新星是学校的培养目标。学校秉持"日星日新"的校训，奉行"让每一颗星星都闪亮"的办学理念，以"五星六环"SATAS 课程体系为载体，让每一个在星海小学就读的学生都能够充分展示自我，绽放个性，闪亮出彩，成为"SATAS"。

（五）特色定位

坚持"日星日新，让每一颗星星都闪亮"的新时期办学理念，立足 SATAS 教育文化，发展学生的五星素养，培育个性，全面发展。将学校着力建设成为在宁波大市有较大影响的文化特色鲜明的现代化教育技术先进的示范学校。推进 SATAS 教育文化，大力发展信息技术服务于学校教育教学，在宁波市课改样本学校和宁波市智慧教育示范学校的基础上，努力打造成为浙江省课程改革模范学校、浙江省学科数字资源建设示范学校。

第二节　课程架构

一、课程设置

学校"STARS"课程体系是在国家基础教育"新课程"改革理念指导下，由基础层课程、拓展层课程及探究层课程构成。结合我校实际，具体课程及课时设置如下：

课程类别		课程名称	各年级平均课时					
			一	二	三	四	五	六
基础性课程	学科课程	品德与生活	1	1				
		品德与社会			1	1	1	1
		语文	7	7	6	6	5	5
		书法	1	1	1	1	1	1
		英语			3	3	3	3
		数学	4	4	4	4	4	4
		科学	1	1	2	2	3	3
		信息技术			1	1	1	1
		综合实践			1	1	1	1
		体育	4	4	3	3	3	3
		音乐	2	2	2	2	2	2
		美术	2	2	2	2	2	2
	整合课程	全科阅读	1	1	1	1	1	1
拓展性课程	选修类课程	班队活动	1	1	1	1	1	1
		社团课程	2	2	2	2	2	2
探究性课程	实践类课程	节日课程	折合1课时（与拓展性课程中的班队活动叉时进行）					
		志愿者课程						
周总课时数			26	26	30	30	30	30

二、课程架构

我校"STARS"课程体系是在国家基础教育"新课程"改革理念指导下，由基础层课程、拓展层课程及探究层课程构成。基础层课程和拓展层课程是我校"STARS"课程的主体，又称"星悦课程"，探究层课程为活动课程，以主题式活动为主。课程资源的精心选配，充分引发了学生的学习兴趣，满足了学生的学习需要；课程结构的精致合理，提升了学生的核心素养，培养了学生的实践能力；课程设置的精细鲜明，凸显了学校的课程哲学，实现了学校的办学目标。

（一）"五星"素养

教育必须培养全面、和谐、完整的人，必须指向人的核心素养，让学生追求完整的生活、完整的人生。国际上公认的核心素养包括三个方面——"人与自我、人与工具、人与社会"，针对中国学生发展核心素养我们进行了校本化的解读，构建极具学校特色的"五星六环"STARS课程，将抽象的培养目标具象出适合学生发展的五大核心素养——"五星"素养。

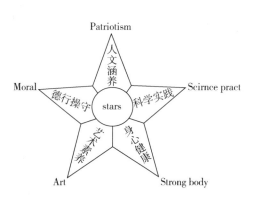

图1 "五星"素养内涵图

"五星"素养，"五星"即"STARS"，其英语单词中的五个字母，分别代表星星中的一个角，也就是一种核心素养，是STARS课程育人全面素养的核心目标。

"五星"素养的五大方面内容具体阐述如下。

"S"即strong body，意思是：强化体力，其对应的核心素养为：身心健康。星海的学子要养成良好的生活习惯，努力达到身体发育良好，每个学生至少要有一项自己喜欢的体育运动并掌握一项体育技能。能保持积极乐观的心态，能够调整、反省、管理自己的行为，不断超越自我。

"T"即patriotism，意思是：家国情怀，其对应的核心素养为：人文涵养。星海的学子要养成阅读的习惯，认识中国文化的丰厚博大，立足国际视野，了解多样文化；学会倾听、表达与交流，学会文明地进行人际沟通和社会交往；做具有责任担当、有家国情怀的现代中国人。能自尊自重，自立自强，爱自己、爱家人、爱生命、爱集体、爱家乡、爱祖国、爱世界。

"A"即art，意思是：艺术、文艺，其对应的核心素养为：艺术素养。星海学子至少要掌握一门艺术特长，要掌握基本的艺术知识技能，具备发现美、感受美、欣赏美、创造美的意识与能力，具有一定的艺术修养和审美情趣。

"R"即moral，意思是：道德，其对应的核心素养为：德行操守。星海学子既要具有宁海学子自然质朴的特性，又要人格健全，品行端正。具有正确的理想信念，自尊自律，诚实守信，文明礼貌，宽和待人，做有益于他人、有益于社会的新时代公民。

"S"即science practice，意思是：科学实践，其对应的核心素养为：科学实践。星海学子要敢于接受挑战，能发现问题、主动探究，具有大胆尝试、敢为人先的精神和创新实践能力，勇于面对生活中遇到的实际问题，积极实践，学会适应。

(二)"六环"课程架构

"五星六环"STARS课程中的"六环"，从内到外，分别是"人格品质""核心素养""基础性课程""拓展性课程""选修性课程""综合性课程"，将抽象的培养目标具象出适合学生发展的五大核心素养——"五星"素养。

1. 第一环：人格品质环

教育的终极目的是为了培养人，而最能体现一个人素质是他的人格品质。所以我校"五星六环"STARS课程核心环就是"人格品质"环。我校认为学生应该具备的五大优良品质有：达礼、知书、明理、审美、健体。

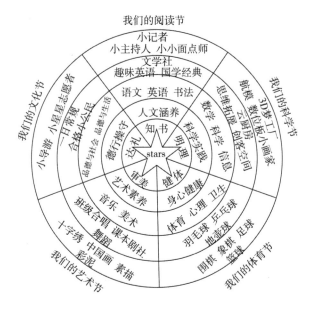

"五星六环" STARS 课程的构架

2. 第二环：核心素养环

学生在接受相应的教育过程中，逐步形成的适应个人终生发展和社会发展需要的必备品格与关键能力即为核心素养。承接"人格品质"的第二环为"核心素养"。我校认为学生应具备的五大核心素养是：德行操守、人文涵养、科学实践、艺术素养、身心健康。

3. 第三环：基础性课程

以国家课程、地方课程为基准，根据德、智、体、美、劳等方面全面发展的要求，以学生自主发展为根本，合理配制课时分配，并按规定开设国家基础课程。具体开设学科及要求如下。

（1）除综合实践活动课外，品德与生活（社会）、科学、语文、数学、英语、体育、音乐、美术开全课程，开足课时。学年课时总数和周课时数控制在国家所规定的范围内。

（2）晨会、班队活动等每周至少安排一课时，主要进行常规教育，开展少先队中队活动，并结合学校和学生实际，由班主任教师自行安排。

（3）一至六年级的体育课，均应贯彻"健康第一"的原则，配合"阳光体育"——大课间活动，保证学生有每天 1 个小时体育运动时间。

（4）学校开设英语课，起始年级为三年级。

（5）五年级科学课中，加入中医药课程学习。

（6）各门课程均应相应结合本学科特点，有机地进行思想道德教育。环境、健康、国防、安全等教育也应渗透在相应课程中进行。

4. 第四环：拓展性课程

依据学生身心发展的规律和学科知识的内在逻辑及认知规律，把课内外、学校与社会联系起来，把间接的书本知识学习和直接经验体验结合起来，为学生开发可供其健全人格的形成和态度、能力、知识等方面的学习与发展的补充型课程。包括德育活动课、学科延展课等。

（1）德育活动课：是与学科德育课程相对的非学科德育课程。结合学校德育目标，整合、梳理学校德育活动平台，通过以学生为主体的体验、浸润式的德育活动课程培养学生思想、政治、法制、心理等多方面德育素养。比如：班队活动、一日常规、合格小公民等。

（2）学科延展课：是国家课程和地方课程的校本化、个性化，即学科教师团队结合法定课程实施过程中的局限性，通过选择、改编、整合、补充、拓展等方式，对国家课程和地方课程进行再加工、再创造，使之更符合学生特点和需要。

5. 第五环：选择性课程

以尊重学生差异、开发学生潜能、择兴趣所在、扬个性所长这个目标，在对学生的发展需求、校内课程资源、校外课程资源进行科学评估的基础上，开发可供学生自主选择的多样化课程。包括兴趣选修课、体智协调课、始业衔接课等。

（1）兴趣选修课：打破学科逻辑组织的界限，以学生的兴趣、需要和能力为基础，以发展学生个性特长为目标，开设健康与活动、审美与音乐、创意与美术、观察与社会、创造与科学、技术与应用、沟通与文化、生活与自然这八大类社团课程。在我校的"星星社团"活动中，学生们可以跨越年级班级界限，结合自己的兴趣爱好走班自由选择课程进行学习。

（2）体智协调课：依据脑科学、心理学研究成果对教育的影响，从关注人的本身出发，以活动课程作为媒介和手段，通过体能、智能的协调统一，从而实现自我和谐发展的活动课程。例：主题夏令营、成长训练营等。

（3）始业衔接课：我校注重年级、年段间衔接，实现学校育人的顶层设计和全程规划。其中包括：习惯养成，起步拉齐为目标的幼小衔接"入学礼"活动；人际交流，兴趣培养为目标的十岁集体生日会——"十岁成长礼"活动；方法习得，成长规划为目标的"毕业礼"活动。

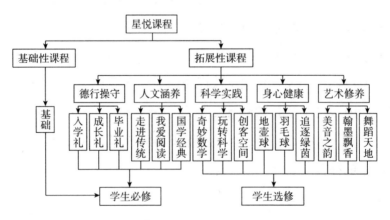

"五星六环"STARS 课程主体：星悦课程

国家基础课程、学科拓展课程和兴趣拓展课程是我校 STARS 课程的主体，又称"星悦课程"。我校围绕义务教育课程目标，以学生为本，保障基础性课程的实施，强调多元性、选择性的拓展探究课程实施，体现德、智、体、美、劳教育的统整性与渗透性，以满足学生主动发展的多样与和谐的需求。

6. 第六环：综合性课程

综合性课程即围绕一个共同的主题将多个相关学科整合在一个正式的单元或学程里进行综合化的项目式学习，加强学科间的相互配合，发挥综合育人功能，不断提高学生综合运用知识解决实际问题的能力。学校以"校园节日活动"为媒介进行了学科间课程整合的实践尝试，以1-6年级所有国家课程为蓝本，关注学科之间的本质联系，消除学科边界，重新洗牌，抓住核心点构建综合性活动课程。加强相关学科纵向衔接和横向配合，推动跨学段整体育人、跨学科综合育人的综合性课程的育人功能。

"校园节日"系列综合性课程安排表

时间	校园节日	系列活动
九月	我们的阅读节	1. 好书推荐会
		2. 书法评段
		3. 课本剧本表演
		4. 古诗词过关
		5. 汉字读写大赛
十一月	我们的体育节	1. 体育运动会
		2. 亲子运动会
		3. 达标运动会
		4. 校内篮球赛
		5. 校内羽毛球赛
		6. 校内地壶球赛

时间	校园节日	系列活动
一月	我们的文化节	1. 爱心义卖
		2. 跳蚤市场
		3. 爱国歌曲合唱比赛
		4. 春节送祝福活动
三月	我们的科学节	1. 车模比赛
		2. 航模比赛
		3. 竹蜻蜓大赛
		4. 纸飞机大赛
		5. 小发明小创造
		6. 科幻展
六月	我们的艺术节	1. 才艺大赛
		2. 合唱比赛
		3. 诗词朗诵大赛
		4. 班级舞蹈大赛
		5. "我手画我心"绘画比赛
		6. 彩泥创作大赛

　　总之，学校在夯实基础性课程的基础上，丰富五星内涵。然后通过拓展性课程，扩大学生知识面，让学生的知识、技能基础更加厚实。再通过选择性课程，进一步提高学生的实践运用能力。最后，通过综合性课程"校园节日活动"，给学生以展示自我的舞台，进一步提升学生各方面能力。这样，通过六环课程，不断地把学生的五大核心素养推向"五星"的顶端，实现让每一颗星星都闪亮的目标。

第三节 课程实施

一、以生为本，计划先行

以生为本，关注学生的学习体验，是学校课程建设过程富有活力的源泉。目前学校已有的课程设置来源有三种，其一是自上而下的学校顶层设计课程，如国际理解课程，着眼于学校发展与社会对人才需要而进行设置开发的；其二是自下而上的一线教师研发的诸多校本课程，如诸多的社团活动课程和由学生的兴趣需要激发，教师通过反复实践形成的课程；其三是多种因素融合产生的课程。如对已有学科课程的拓展生成，有一个小小的受学生欢迎的活动积累经验形成课程，以及教师的特长与学生兴趣结合形成的课程，如经典诵读课程、陶艺美术课程、体育地壶球课程等。由上述三种来源而设置的课程是否可行，其着眼点是学生。在课程实施过程中，如何更好地去关注学生对课程的体验，在常规做法中我们还可以从更多的维度去挖掘做法。

（一）建立学校、教师、学生家长之间的沟通机制

学校教师密切联系家长，把家长纳入到课程的实施过程中来，能够更充分地关注学生的学习体验，如用好用足学生成长手册是师生沟通的平台之一。学生在手册中的心情日记栏目，反映了学生的学校生活，是教师关注学生的重要渠道。家校沟通栏目是家长对孩子学校生活的关注平台，也是学校获取家长反馈信息来源的主要渠道，多样化的家长会与家访制度，是家校沟通的重要平台。学校在学期的期初、期中与期末分别召开目的、形式各不相同的家长会。期初为班级家长会，让家长了解学校一个学期的活动，告知班级的建设计划。期中为

家长学校，根据年级组内家长家庭教育存在的主要困惑与问题，进行专家讲座。期末则是一对一个别化的家长会，教师和家长双向选择，确定约谈对象，针对学生的学习进行个别化的评估和诊断。建立学校家长委员会，参与课程组织与建设。家委会是学校各项工作的有效助力，同时也是学校课程开展的一部分，组织家长志愿者参与诸如家长助教、家长进课堂、家长代班班主任等项目。一方面有助于家长关注孩子的课程体验，另一方面也在为学校的课程建设，提供鲜活的力量。

(二) 必修和选修课程的分野，为学生提供适合的教育

除了传统的关注学生知识经验的学科必修课程之外，学校开设的专题活动课程和社团活动课程，关注了学生的兴趣与体验需求，成为学生的个性成长中介，也使得教育是一种服务的理念得以彰显。社团活动课程囊括学校五大课程领域，每个学年选课一次，在每周五下午。三至六年级学生则以更专业更宽广的趋势进行选择，每个学生的发展水平以及学习需求都是不一样的。社团课程的开设无疑为学生提供了最大限度选择的可能，为学生提供了立体化的学习空间结构，让学生的学习生活具有获得个性发展的时间结构。提供适合的教育，也就是要求教师与学校为学生提供个性化的学习内容、形式以及评价，让不同的学生在不同的领域、不同的水平层次上都有所发展，让不同的学生在不同的兴趣、不同方式的基础上，寻找到契合自己的学习平台与机会。

(三) 课程的实施必须做好完备的实施计划

课程的实施，涉及学校的方方面面。但是如何做好课程资源的整合、优化利用，如何有计划、有目的地实施是课程得以顺利进行，以及收获显著成效的有力保证。在学校各类课程学习和各类学生活动开展中，需要协调各方各部的工作统筹。合理全面规划设计课程，科学

可行的实施方案，使课程推进与学生活动，有机结合并相得益彰。从课程安排计划中，课内课程按照教学计划实施的必修、选修课程，使活动课程与学科课程互为补充。校外活动则利用双休日和寒暑假，以假日小队、第二课堂等形式精心设计主题推进学生的研究性学习水平，使得校内的活动课程质量提升。除了校内外活动的整合，还有与学生阅览室为平台，进行不同课程实施和展示的有效整合。在星海学生阅览室积极有效开展"星海讲座""沙龙活动""特色区域"等系列课程的活动。开辟"教师推荐""学生原创"等专栏书架，使学生阅览室成为学生交往和阅读交流展示成果的中心，促进学生的全面发展。有目的有规划，进行课程实施资源的有效整合，建立机制，保证课程研发，个人与团队的专业成长，集合各个专业、学术研究团队，配合课程的实际实施，使课程建设充满活力。课程的研发并不仅仅是从无到有的过程，如何从有到优，更是课程实施中需要面对的重要问题。这一过程中教师的专业成长动力有多强，将决定课程研发的活力有多强。学校建立的校本研修制度、学分制度、课程课题管理制度，名师教师工作室等，为课程研发提供专业引领。

多时空、多方位提供活动课程范式，推进教学模式和教师理念更新，课程设置的变化，必然带来教学方式和学习方式的变革。就教师教学方式和学生学习方式的变革来说，两者不可分割。教学方式，从单一的讲授练习转化为调查、访谈、讨论、探究、体验。案例教学法、项目教学法、团队合作学习等，成为学习课程模式的常态。由于活动课程扩大了范围，给学生提供了更为宽阔的视野，教师的指导是否到位将影响学生的课程目标。因此为了避免教师指导随意开放，有充足的准备去了解课程操作的目标，真正践行到位十分重要。利用各个师徒工作室，对课程的实施进行前期研究培训，中期管理监控，以及后期的总结反思，使课程的设施在各类教学研究团队中得以扎根。我校的教研活动，按其组织形式和专业发展水平，从低到高进行不同分类形成金字塔。不同层次和水平的教师都有适合自己的舞台，在课堂实施中也担负起各自不同的职责。

二、过程管理，重视评价

过程管理，作为一种督促课程有效实施的手段，以高远之姿做出抉择，以坚强后盾提供支持。过程管理不仅仅意味着活动目标的明确，更意味着课程的精心组织，促使课程向更优发展。星海小学每次组织的专题研究课程，必定有详细的前期策划、活动方案、人员安排等。如作为一名活动策划者的教师，为了设计一个有意义的主题，要善于捕捉学校学生校园生活中的热点话题，要有一颗能捕捉到重大事件的敏感之心。当然他们也可以通过向全校师生、家长以征集"金点子"的形式确定主题和活动形式，通过认真的筛选、慎重思考后确定活动主题。在这个过程中，管理者与教师的共同目标是"设计一个有意义的主题"，教师通过自己的力量、团队的力量来达成目标。管理者的过程管理体现在其与策划教师一起完成这个主题的确定；与策划教师与核心成员一起设计；不够理想时，协助组织做好发动全校师生、家长的工作；最后认真筛选、慎重确定。作为学校管理课程实施的部门，教导处需要前瞻性与细节管理并重。以社团活动课程的管理为例，除了日常巡查，及时发现问题与任课老师沟通外，每个学期教导处都会进行一次涉及全校一到六年级的学生访谈。访谈后，教导处会根据访谈的结果，做出一个分析报告。过程管理，以明明白白的课程地图形式，贯穿于研发、实施和改进的整个流程。最后，对课程实施进行反思总结。采用课程地图，除了对课程设计的各块内容，课程实施的各个环节，以及课程实施后一目了然外，还有助于减少课程传达过程中的人力与信息损耗。比如完成方案的预设后，需要向全校教师对课程的实施方式进行讲解，采用课程地图便于课程实施者们立即理解自己需要做的事情，也可以在全面了解方案的基础上，提出自己的疑惑或建议。

重视评价就是课程实施后，需要有一个工具来衡量课程实施的效果。我们主张进行评价研究。首先评价研究对学生而言是有好处的，可以促使课程在设计时关注对学生的培养目标，评价将显示学习成果是否达成目标。其次，评价研究让课程的进一步优化成为自然而然的事情。

三、错班错龄，个群并存

课程设计的基点是学生的发展需求，每一个科目的时长是根据课型需要、学生的学习实际需求来设定的，所以课程的课时长短各不相同。长课和短课相结合，长期课程和短期课程相结合。长期课程是指每周均有的课程，如国家课程语文、数学、体育科目，包括校本课程等，都具有持续不断地运行的长期性的课程。短期课程是指校本课程中的专题活动课程，如科技节、艺术节、读书节、文化节、体育节等。这些课程均在一个学期内抽出一周的时间或几天的时间，具有阶段性，在短期内完成的课程。在课程设置上，以长短课程互相补充有效地调节了学生学习的心理负担和心理上的负面体验。而且很好地增强了课程设置的节奏感，对学生的学习和发展，提升学生的学习积极性，以及心理期待激发有很好的作用。其中短期课程的设置一般具有相对固定的时间节点，结合相关的节日有特殊意义的时间等，在学期课程通盘规划的基础上，形成了相对稳定的学期课程编排结构，并在一定意义上形成了文化。而长课和短课，常规课一般 40 分钟，超过的我们把它叫作长课，如社团课程、专题活动课程，不足 40 分钟的可我们称作短课，如自主阅读课、谈话课、自习课。常规课节数多，长课和短课节数少，长短结合，满足了学生对课程的学习需求。常规课程、长短课的不同配置，满足了不同需求学生的发展需要，也更好地保证了课程的实际实施，收到了很好的效果。增强了学生的学习节奏感，也有效地调解了学生的学习情绪，更为合理、科学地展示了学生的学习过程和学习成果，受到了学生的欢迎。

个群并存，增强课表的多样可变。一生一表，指的是学生拥有属于自己的个性化课程课表，每个学生的课表都是不相同的。就个体属性出现个性化课表是因为，课程对于每个学生来说具有很大的选择性和自主性。学生选择的课程内容不同、学习时间不同、学习方式不同，会出现不同的学生课表。在学校里，学生一生一表，个性特点显露无遗，很好地体现了课程的个性化、针对性的教育。在传统课表中，一个学期内学生的课表基本是固定的。而课程实施过程当中，班级的课表是多样的，不一定一表到底。完成一学期课程学习的一班多表，指的是一个班级在学期或学年的课程，学习中具有多个课表。依据学习进程的推进，按照课程设置的特点和需求，时时变换课程表，使班级学生完成 STARS 教育课程体系的系列课程。例如，班级学生在日常学习中使用的常规课表，但是在艺术节、科技节活动课时，班级的课表就会发生比较大的变化。有的学科类课程的节数就会相应减少或者取消，增加了活动类课程的学习。所以在班级课表中常有常规课表、艺术专题周课表、科技专题周课表、年级专题一周课表等，一个班级具有多样的课表充分说明了学生学习内容多样性、学习方式的丰满以及学生发展空间的立体感。一生一表、一班多表是学校课程设计实施的显著特点。它在学生的需求上，可以尽可能地满足学生学习的需要，在学生学习的体验上得到了更为丰富的经历。不同的个体课表与群体课表并存增强了学习的层次性与多维性，多样可变的课表也更加充分展示了"STARS"教育课程所折射出的巨大魅力。

错班错龄，拓宽学生的交往空间。错班组合增进交往是STARS课程显著的特征。由于课程学习需要同龄和不同班级的学生进行重新组班，有利于学生之间的交往，拓宽了学生的交往空间。例如在科技专题的沙龙学习，学生错班学习，认识很多同龄人结交的好伙伴，在社团走班学习中找到了兴趣相投的益友，可以找到在专业上互相切磋、彼此鼓励的好伙伴。错班组合使学生不仅仅在本班有同学、有朋友，还会在别的班级有同学、有朋友。在学习上、生活上、情感交流等层面得到了更大密度和机会的交往。这对于学生知识习得、能力提升、自我认知、寻求同伴、唤醒潜能等诸多方面有着积极的作用。错龄学习，互为资源。当不同年龄的学生因为兴趣相同，组班在一起学习，学生之间可以因为共同的兴趣，对学习进行深度交流，相互帮助，共同提升水平；不同年龄学生因为专业水平发展相同，组班在一起学习，可以让学生在同层次专业水平基础上，进行密切交流与合作，共同吸纳彼此的长处和优势，从而得以进步。而且，不同年龄学生在一起学习探讨，在学生学习环境的创设中，形成了一种较为宽松的心理状态，年长的学生对年幼的学生有着与生俱来的关爱和真诚指导。年幼的学生，对年长的学生也提供了一种学习的激励，彼此在学习心理上都有了比较安全开放的环境，促进了学习的效果。所以也有专家学者认为，"错龄"是一种教育的资源，关键在于我们如何科学合理的去使用，STARS教育课程实施中，尤其在综合性专题活动课程中，错龄学习被广泛应用，很受学生欢迎，也收到了很好的效果。

第四节　课程评价

一、评价理念

在多元评价中找寻并成就自我。17 世纪末，在普鲁士王宫里，大哲学家莱布尼茨在向皇室成员和众多贵族宣布他的宇宙观时提出："天地间没有两片完全相同的树叶"。听者哗然，不少人摇头不信。于是好事者就请宫女到皇宫花园里去找两片完全相同的叶子，想以此推翻这位哲学家的论断。结果谁也没有找到这样的叶子。表面看来，树上的叶子好像完全一样，可究其细微，却大小不等，厚薄不一，色调有别，形态各异。造成差异的原因，是它们所含的本质东西不同。"凡物莫不相异"，其实何止是树叶，世界上的一切东西都不是绝对相同的，况且是活生生的人。每一个孩子都是不同的个体，不同的孩子当然就不能用相同的方式做评价。多元评价，才能更好地促进孩子的发展，从而成就不同的孩子。我们所主张的多元评价，倡导多元的评价主体，多元的评价内容和多元的评价方式。

随着 STARS 教育的不断深入，教师的角色、教学方法、学习方式都发生了巨大的变化。随之而来的评价体系的完善和操作显得尤为重要。学校以"人的可持续发展"为评价标准，开展 STARS 多元评价，以"重过程、重全面、重参与、重激励"为原则，以学校特色的核心素养课程体系为框架，将学生参与课程学习的态度、过程和成长轨迹都纳入评价范围。

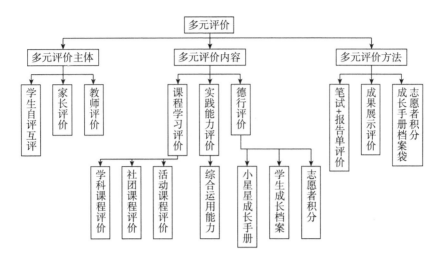

STARS 多元评价体系

二、评价主体

多元的评价主体指：一是学生自评，加强自我认知；学生互评，学会关注他人、欣赏他人。学生的评价、同伴间的评价，让孩子们自己评自己，在互相欣赏和帮助中悦纳自己和他人，促进学生的自我成长，也促进了新型伙伴关系的建立。二是家长评价，关注态度、情感、价值观，让家长参与到对孩子们的评价中来，他们会更全面、更立体、更全程地关注孩子，尤其是对于孩子的情感、态度、价值观维度的考量和判断更为细腻。对于学生道德行为、道德认知发展状况的关注，会更为全面、准确和立体。三是教师评价，指明发展方向。教师作为引导学生学业发展的主导力量，全程陪伴、全心投入，将会做出更多更专业的评价，从而引导学生更好地走向明天。

三、评价内容

评价内容由单一评价学生成绩改为对学生综合素质的评定，立足从全方位的角度评价学生，立足发展性评价。STARS 多元评价的内容包括课程学习评价、实践能力评价和德行评价三个方面。

1. 课程学习评价即学生参与 STARS 课程主体"星悦课程"的学习评价。其中包括对学生参与的学科课程、社团课程、活动课程等进行评价。

2. 实践能力评价即学生参与"校园节日"实践活动评价。其中包括对学生活动参与度、完成情况及综合运用能力的评价。

3. 德行评价即对学生学习习惯、情感态度、价值观的评价。其中包括"小星星成长手册"——主要评价学生习惯养成情况；"学生成长档案"——主要评价学生学年度品行情况；"志愿者积分"——主要评价学生情感态度和价值观。

一年级：

一级目标	二级目标	三级目标
德行操守	爱祖国、爱人民、爱劳动、爱科学、爱社会主义，遵纪守法、诚实守信、维护公德、关心集体、保护环境。自信、自尊、自强、自律、勤奋，对个人的行为负责，积极参加公益活动，具有社会责任感。	1. 认识国旗、国徽，会唱国歌。 2. 关心班级、校内大事。 3. 同桌之间互相关心、互相帮助、互相合作，自己能做的事自己做。 4. 学习了解《小学生日常行为规范》和《小学生守则》的基本内容。 5. 能参加班级、学校组织的活动。 6. 学会整理书包，每周帮助家长做一两件家务。 7. 知道最基本的交通安全知识，认识红绿灯、斑马线，做到在公路上靠右行走，排队不拥挤，过马路不乱跑。

续表

一级目标	二级目标	三级目标
人文涵养	有学习的愿望和兴趣，能运用各种学习方式来提高学习水平，有对自己的学习过程和学习结果进行反思的习惯，能够结合所学不同学科的知识，运用已有的经验和技能，独立分析并解决问题，具有初步的研究与创新能力。	1. 上课能做到专心听讲，回答问题声音宏亮，会回答老师提出的问题。 2. 能认真、按时完成作业，书写干净、整洁。 3. 具有丰富的想象能力，初步具有独立阅读的习惯。 4. 单元学业水平考核：平时检查占60%，期终考查占40%，可用优秀、良好等次给予评定。
科学实践	能与他人一起确立目标并努力去实现目标，尊重并理解他人的观点与处境，能评价和约束自己的行为，能综合地运用各种交流和沟通的方法进行合作。	1. 能在老师的指导下进行学习。 2. 能做到认真倾听老师和同学的观点，并能评价和约束自己的行为。 3. 在班上学会和同学进行交流，能在家里和父母交流。
身心健康	热爱体育运动，养成体育锻炼的习惯，具备锻炼健身的能力，一定的运动技能和强健体魄，形成健康的生活方式。	1. 能参加课外活动，上好体育课，有锻炼身体的意识。 2. 会做一些简单的体育游戏，会跳绳、近距的跑步等。坚持早、晚刷牙，洗脚，爱吃蔬菜，不挑食。 3. 能够正确认识自己，相信自己，增强自信心。
艺术素养	能感受并欣赏生活、自然、艺术和科学中的美，具有健康的审美情趣，积极参加艺术活动，用多种方式进行艺术表现。	1. 会欣赏家乡的名胜古迹。 2. 会画简单的家乡风景画，会唱一两首赞美家乡的歌曲。 3. 衣着干净整洁。

二年级：

一级目标	二级目标	三级目标
德行操守	爱祖国、爱人民、爱劳动、爱科学、爱社会主义，遵纪守法、诚实守信、维护公德、关心集体、保护环境。自信、自尊、自强、自律、勤奋，对个人的行为负责，积极参加公益活动，具有社会责任感。	1. 知道国旗、队旗的含义。 2. 知道近期校内外发生的重大事件。 3. 能背诵《小学生日常行为规范》部分条款，并按规范要求自己的行为，并能背诵《小学生守则》。 4. 能参加学校、社会开展的各项活动。 5. 每天能帮助父母做一两件力所能及的家务事。 6. 了解简单的交通安全常识。 7. 不在深水处洗澡和滑冰，不做危险游戏。
人文涵养	有学习的愿望和兴趣，能运用各种学习方式来提高学习水平，有对自己的学习过程和学习结果进行反思的习惯，能够结合所学不同学科的知识，运用已有的经验和技能，独立分析并解决问题，具有初步的研究与创新能力。	1. 上课能做到专心听讲，敢于发表自己的见解，会聆听别人的发言。 2. 能认真、按时完成作业，书写干净、整洁。 3. 会自己动手查阅资料，能解决一些学习中的实际困难，有创新意识。 4. 能再听写、背诵、办板报等活动中顺利过关。 5. 考试成绩达到良好。
科学实践	能与他人一起确立目标并努力去实现目标，尊重并理解他人的观点与处境，能评价和约束自己的行为，能综合地运用各种交流和沟通的方法进行合作。	1. 有明确的奋斗目标，并有实际行动。 2. 学会理解他人的观点，并在集体活动中遵守纪律。 3. 积极与他人交流学习经验、学习方法，取长补短。
身心健康	热爱体育运动，养成体育锻炼的习惯，具备锻炼健身的能力，一定的运动技能和强健体魄，形成健康的生活方式。	1. 认真参加课外活动，上好体育课，坚持锻炼身体。 2. 知道预防感冒、处理小伤病等的基本方法，掌握简单的保健知识，能根据身体情况，合理调节饮食。 3. 有良好的卫生习惯和生活习惯。

续表

一级目标	二级目标	三级目标
艺术素养	能感受并欣赏生活、自然、艺术和科学中的美，具有健康的审美情趣，积极参加艺术活动，用多种方式进行艺术表现。	1. 会敬队礼，并知道其含义，知道少先队的基本作风。 2. 会唱课本中的歌曲，并知道其中的蕴含，会用笔描绘生活中的美。 3. 懂得服装整洁，注意讲究卫生，服装搭配比较和谐，精神面貌蓬勃向上。

三年级：

一级目标	二级目标	三级目标
德行操守	爱祖国、爱人民、爱劳动、爱科学、爱社会主义，遵纪守法、诚实守信、维护公德、关心集体、保护环境。自信、自尊、自强、自律、勤奋，对个人的行为负责，积极参加公益活动，具有社会责任感。	1、认识国旗、国徽，会唱国歌。 2. 简单了解国内外大事。 3. 同学之间互相关心、互相帮助、互相合作。 4. 遵守《小学生日常行为规范》，会背《小学生守则》。 5. 能参加班级、学校组织的公益活动。 6. 每天能帮助父母做一两件家务。 7. 了解简单的交通安全常识。不在深水处洗澡和滑冰，在各种活动中能注意自己和他人的安全。 8. 爱护公共设施，不乱涂、乱画、乱扔杂物。
人文涵养	有学习的愿望和兴趣，能运用各种学习方式来提高学习水平，有对自己的学习过程和学习结果进行反思的习惯，能够结合所学不同学科的知识，运用已有的经验和技能，独立分析并解决问题，具有初步的研究与创新能力。	1. 上课能做到专心听讲，积极发言，能主动发表自己的观点。 2. 能认真独立完成各科作业，书写干净、整洁。 3. 能搜集学习等信息，善于解决实际问题，有探究和创新精神。 4. 单元考试成绩达到80分以上。

续表

一级目标	二级目标	三级目标
科学实践	能与他人一起确立目标并努力去实现目标，尊重并理解他人的观点与处境，能评价和约束自己的行为，能综合地运用各种交流和沟通的方法进行合作。	1. 能在老师的引导下有明确的奋斗目标，并努力实现目标。 2. 能认真倾听和理解他人的观点，能评价和约束自己的行为。 3. 能与他人合作解决一些简单的实际问题。
身心健康	热爱体育运动，养成体育锻炼的习惯，具备锻炼健身的能力，一定的运动技能和强健体魄，形成健康的生活方式。	1. 认真参加课外活动，上好体育课，能自觉锻炼身体。 2. 掌握简单的保健小常识，合理调节饮食，不挑食。 3. 能够正确认识自己的优点和不足，学会调整自己的情绪。 4. 懂得一些预防传染病知识。
艺术素养	能感受并欣赏生活、自然、艺术和科学中的美，具有健康的审美情趣，积极参加艺术活动，用多种方式进行艺术表现。	1. 了解祖国的名胜古迹，能说出三到五个。 2. 会感受音乐、美术作品中蕴含的艺术美，敢于在班上展示自己的艺术才华。 3. 衣着干净整洁，不大戴首饰，不穿奇装异服。

四年级：

一级目标	二级目标	三级目标
德行操守	爱祖国、爱人民、爱劳动、爱科学、爱社会主义，遵纪守法、诚实守信、维护公德、关心集体、保护环境。自信、自尊、自强、自律、勤奋，对个人的行为负责，积极参加公益活动，具有社会责任感。	1. 认识国旗、国徽，会唱国歌。 2. 通过影视、报刊了解国内外大事。 3. 同学之间互相关心、互相帮助、互相合作。 4. 遵守《小学生日常行为规范》，会背《小学生守则》。 5. 通过看黑板报、橱窗、广播、电视等途径，了解公益活动的重要性。 6. 利用节假日，开展亲身体验活动，如帮助军烈属、残疾人打扫卫生，清扫街道，校内会生火炉。 7. 爱护公共设施，不损坏。

续表

一级目标	二级目标	三级目标
人文涵养	有学习的愿望和兴趣，能运用各种学习方式来提高学习水平，有对自己的学习过程和学习结果进行反思的习惯，能够结合所学不同学科的知识，运用已有的经验和技能，独立分析并解决问题，具有初步的研究与创新能力。	1. 上课能做到专心听讲，积极发言，遇到疑难能主动请教。 2. 能认真细心地完成各科作业，书写干净、整洁，会合理安排自己的时间。 3. 达到"单元知识过关"。 4. 养成主动学习的习惯。
科学实践	能与他人一起确立目标并努力去实现目标，尊重并理解他人的观点与处境，能评价和约束自己的行为，能综合地运用各种交流和沟通的方法进行合作。	1. 能在老师的引导下有明确的奋斗目标，并努力实现目标。 2. 能认真倾听和理解他人的观点，能评价和约束自己的行为。 3. 能运用一定的方法与他人交流合作，达到其目的。
身心健康	热爱体育运动，养成体育锻炼的习惯，具备锻炼健身的能力，一定的运动技能和强健体魄，形成健康的生活方式。	1. 认真参加课外活动，上好体育课，能自觉锻炼身体。 2. 参加跑、跳等比赛活动，合理调节饮食，不挑食。 3. 能够正确认识自己的优点和不足，学会调整自己的情绪。 4. 知道常见预防传染病预防知识。
艺术素养	能感受并欣赏生活、自然、艺术和科学中的美，具有健康的审美情趣，积极参加艺术活动，用多种方式进行艺术表现。	1. 了解祖国的名胜古迹，能说出四到五个。 2. 能大胆在班上展示自己的艺术才华，如音乐、美术、手工制作等。 3. 衣着干净整洁，不大戴首饰。 4. 有良好的精神面貌。

五年级：

一级目标	二级目标	三级目标
德行操守	爱祖国、爱人民、爱劳动、爱科学、爱社会主义，遵纪守法、诚实守信、维护公德、关心集体、保护环境。自信、自尊、自强、自律、勤奋，对个人的行为负责，积极参加公益活动，具有社会责任感。	1. 认识并了解国旗、国徽、会唱国歌。 2. 能说出几件国内外发生的大事。 3. 同学之间互相关心、互相帮助、互相合作。 4. 遵守《小学生日常行为规范》，会背《小学生守则》。 5. 能积极主动参加学校和社会组织的公益活动。 6. 每天主动做力所能及的家务活和农活。 7. 有较强的安全意识，学会保护自己。
人文涵养	有学习的愿望和兴趣，能运用各种学习方式来提高学习水平，有对自己的学习过程和学习结果进行反思的习惯，能够结合所学不同学科的知识，运用已有的经验和技能，独立分析并解决问题，具有初步的研究与创新能力。	1. 上课能做到专心听讲，积极发言，主动发表自己的观点。 2. 坚持认真独立的完成作业，书写整洁，能合理安排自己的休息时间。 3. 能收集、积累并应用各种信息； 4. 单元测试、学业水平达到良好。
科学实践	能与他人一起确立目标并努力去实现目标，尊重并理解他人的观点与处境，能评价和约束自己的行为，能综合地运用各种交流和沟通的方法进行合作。	1. 能在老师的指导下进行合作学习，并通过努力实现自己的目标。 2. 能认真倾听和理解他人的观点，能评价和约束自己的行为。 3. 学会与他人沟通，并分享沟通带来的成果。
身心健康	热爱体育运动，养成体育锻炼的习惯，具备锻炼健身的能力，一定的运动技能和强健体魄，形成健康的生活方式。	1. 认真参加课外活动，上好体育课，做好两操，能自觉锻炼身体。 2. 了解保健小常识，合理调节饮食，不挑食，养成好习惯。 3. 能够正确认识自己，保持良好的心态。 4. 知道预防传染病的常识。

续表

一级目标	二级目标	三级目标
艺术素养	能感受并欣赏生活、自然、艺术和科学中的美，具有健康的审美情趣，积极参加艺术活动，用多种方式进行艺术表现。	1. 了解家乡的名胜古迹。 2. 能感受音乐、美术等艺术作品的内在美。 3. 穿着整洁规范，和谐得体，女生不佩戴首饰。男生不得留长发。 4. 保持良好的精神面貌。

六年级：

一级目标	二级目标	三级目标
德行操守	爱祖国、爱人民、爱劳动、爱科学、爱社会主义，遵纪守法、诚实守信、维护公德、关心集体、保护环境。自信、自尊、自强、自律、勤奋，对个人的行为负责，积极参加公益活动，具有社会责任感。	1. 认识并了解国旗、国徽，会唱国歌。 2. 能说出几件家乡、国内外发生的大事。 3. 同学之间团结谦让，互相合作。 4. 遵守《小学生日常行为规范》和《小学生守则》并且会背。 5. 能积极主动参加学校和社会组织的公益活动。 6. 有较强的自理能力，主动做力所能及的家务活。 7. 有较强的安全意识，遇到紧急情况会冷静处理。
人文涵养	有学习的愿望和兴趣，能运用各种学习方式来提高学习水平，有对自己的学习过程和学习结果进行反思的习惯，能够结合所学不同学科的知识，运用已有的经验和技能，独立分析并解决问题，具有初步的研究与创新能力。	1. 上课能做到专心听讲，积极发言，主动发表自己的观点。 2. 坚持独立完成作业，书写整洁，能合理安排自己的休息时间。 3. 能收集、积累并应用各种信息，解决日常生活中的实际问题。 4. 单元测试、学业水平达到良好。

续表

一级目标	二级目标	三级目标
科学实践	能与他人一起确立目标并努力去实现目标，尊重并理解他人的观点与处境，能评价和约束自己的行为，能综合地运用各种交流和沟通的方法进行合作。	1. 能在老师的指导下进行合作学习。 2. 能认真倾听和理解他人的观点，并能评价和约束自己的行为。
身心健康	热爱体育运动，养成体育锻炼的习惯，具备锻炼健身的能力，一定的运动技能和强健体魄，形成健康的生活方式。	1. 认真参加课外活动，上好体育课，做好两操，能自觉锻炼身体。 2. 了解保健小常识，合理调节饮食，不挑食，养成好习惯。 3. 能够正确认识自己，学会自我调节，保持良好的心态。
艺术素养	能感受并欣赏生活、自然、艺术和科学中的美，具有健康的审美情趣，积极参加艺术活动，用多种方式进行艺术表现。	1. 了解并知道家乡的名胜古迹。 2. 能感受音乐、美术等艺术中蕴含的美。 3. 穿着整洁规范，和谐得体，不佩戴首饰。 4. 精神面貌好。

四、评价方法

传统的评价方式主要侧重于对学生进行纸笔测试，这种评价方式把学生的学习及思维纳入一个固定僵化的模式中，有些同学在测试中为取得高分，不惜一切代价，甚至不择手段，这种做法不利于学生心理健康，对其成长是有害的。因此，我们对学生评价采取多种方式进行。其中包括纸笔测试、成绩评定、项目合作、成果展示、志愿者积分、成长记录等方式。对学生进行多种方式评价，能更真实有效地反映学生的思想、认知水平及行为实践等多种能力，促进学生全面发展。在评价方式的选择上要根据学生的个性与需要选择多种恰当的方式对学生进行评价，力求通过多元的评价方式，全面、真实、客观地评价学生的学业水平和综合素养发展水平。

同时，为配合 STARS 课程评价的顺利开展，我们在 STARS 五星理念的基础上，设计了"STARS 素养银行"——即"五星素养银行"评价机制。简单来说，就是让学生在参与五大核心素养课程的过程中，逐步积攒相对应的积分，这样通过一段时间的积累，期末时以学生积分多寡，评价学生的综合能力和素养。

五星素养银行积分可分为三个层次：基础分、类项分和素养分。

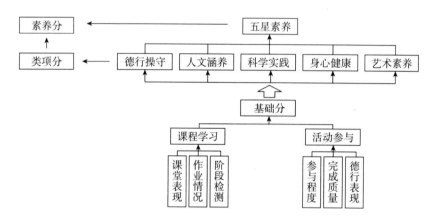

图4 五星素养银行操作图

（一）基础分

基础分总计 200 分，包括两个方面的内容：一是基础层课程的"课程学习"的得分，其中包括学生学习基础层课程时的课堂表现、作业情况和阶段测试成绩。其分值 = 课堂表现 ×0.33 + 作业情况 ×0.33 + 阶段检测 ×0.34（满分为 100 分）。分各年级段的系数。二是拓展层课程"活动参加"的得分，其中包括参与程度、完成质量、德行表现。其分值 = 参与活动数 + 完成质量率 ×10 + 德行表现分 ×0.5（封顶为 100 分）

（二）类项分

类项分各 200 分，可分为五大项：德行操守、人文涵养、科学实践、身心健康和艺术素养。其分值＝基础分×各年级段的系数（封顶为 200 分）。其中一年级段的系数为 1.5，二年级段 1.4，三年级段 1.3，四年级段 1.2，五年级段 1.1，六年级为 1.0。

（三）素质分

类项分总分 1000 分，则五大类项分的总和。其分值＝德行操守分＋人文素养分＋科学实践分＋身心健康分＋艺术素养分（满分为 100 分）。素质分越高，也就代表学生五大核心素养能力越强。

我们坚持"评价就是为学生健康成长加油，评价就是为教师专业发展助力，评价促进课程质量提升"的理念，通过"五星素养银行"评价机制，构建体现多元化、过程性、发展性、个性化的评价方案，全面、准确地将学生课程修习情况、个性特长发展情况记入学生成长，真实、客观地反映学生的学习成果和发展状况。从而帮助每一位学生在课程的学习中实现全面而有个性的发展，最终"让每一颗星星都闪亮"。

第四章

星光闪亮

教育的宗旨和归宿是"人的全面发展"。"推动人的全面发展"，是建设新时代中国特色社会主义的需要，也是人民对教育的美好愿望。优良的道德品格是一代新人全面发展的底色，立德树人的宏观设计国家已经为我们铺就。积极探索学校德育教育的新途径、新方法，构建新时期小学德育工作的实践体系，是实现"让每一颗星星都闪亮"的办学目标的基本保证。基于学生全面发展的 STARS 教育，本着道德教育课程化、生活化、体验化的教育理念，力求让每一孩子都能星光闪亮。

第一节　德育的价值认识

一、建设新时代中国特色社会主义的需要

党的十九大报告对当前社会的主要矛盾做出准确的判断："人民日益增长的美好生活需要与不平衡不充分的发展之间的矛盾"。这是中国共产党人对马克思主义唯物辩证法新的创新，更是毛泽东思想矛盾论在当代中国特色社会主义伟大实践中新的发展，为夺取新时代中

国特色社会主义的伟大胜利指明了方向。

教育的宗旨和归宿是"人的全面发展"。"推动人的全面发展"，是建设新时代中国特色社会主义的需要，也是人民对教育的美好愿望。在人的全面发展诸多因素中，德育是首要的、根本的，十九大报告指出，要落实立德树人的根本任务。在当前应试教育的压力下，家庭、学校教育几乎清一色地重才智而轻德育，以至于无数人感慨当今的青少年是垮掉的一代、是不堪重任的一代。而德与才孰重孰轻，坊间一度流传着这样几句话：有德有才是正品，有德无才是次品，无德无才是废品，有才无德是危险品。如果追溯，早在北宋时期司马光就曾给出了最为精辟的论断：才者，德之资也；德者，才之帅也；自古以来，国之乱臣，家之败子，才有余而德不足也。然而，落实立德树人的根本任务，促进人的全面发展中还存在许多不平衡不充分问题。因此，遵循知行统一的辩证理论，准确判断其发展不平衡不充分的表现，以问题为导向，厘清并正确处理立德树人的各种关系，是落实立德树人根本任务、培养新时代合格人才的理论与实践的要求。

（一）处理好顶层设计和实践理性的关系

教育部已印发了《关于全面深化课程改革落实立德树人根本任务的意见》和《中小学德育工作指南》，对立德树人已有详尽的制度安排。立德树人不能只停留在办学理念上，而要在实践中，把"立什么德，怎么树人"贯穿于学校教育工作的全过程，提高育人质量。特别是要制定详细的学校德育规划、各个年级的德育目标和教学计划，紧紧抓住"立德树人"这一核心，统筹协调学校教育教学工作的方方面面，真正实现课程育人、文化育人、活动育人、实践育人、管理育人。

课堂教学是学校教育的主渠道。学校重视课堂教学的目标设定，教学程序的选择。在关注智育目标的同时，更要落实德育领域的情感、态度、价值观养成目标。挖掘知识与能力、过程与方法中的情感因素，实施实实在在的德育。一课一"德"，由点及面，久久为功，打牢人才的品德根基。在当前的教育评价中，不少教师在一定程度上还定格在分数上，对学生品德评定虚而不实，最终都落在知识层面，成为制约立德树人根本任务落实的瓶颈。要树立正确的教育观，科学评价德育成效和学生的全面发展，设计操作性强的德育测量评价体系，引导和激励教师教育培养学生优秀品质。

（二）处理好传统价值与现代选择的关系

立德树人的德育是一个完整体系，包含理想信念教育、社会主义核心价值观教育、中华优秀传统文化教育、生态文明教育、心理健康教育。其中，社会主义核心价值体系是立德树人的灵魂，中华优秀传统文化是立德树人的根基，如何挖掘传统文化的优秀成分，打造具有世界视野的"中国心"，是落实立德树人根本任务的重大课题。让中华优秀传统文化进课堂，就要从课程改革入手，打通各个学段的教育隔阂，明确各自不同而又一以贯之的目标任务，强化德育课程载体，让中华优秀传统文化在教育教学实践中，保持历史与逻辑的高度一致，使年轻一代不断增强文化自信，而不数典忘祖，在新时代的伟大实践中恪守中华民族优秀传统价值观。要让中华优秀传统文化在校内外活动中绽放异彩。积极开展中华文化经典诵读、诗词大会、"写方块字、做中国人"等传承中华优秀文化的文体活动，用节日庆典和各种仪式，让流传千年的中华文化浸润滋养年轻学子的心田，把社会主义核心价值观转化为学生的情感认同和行为习惯。让中华优秀传统文化引领校园文化建设。无论是学校办学理念的凝练还是学校环境特色的打造，都充分体现中华优秀传统文化的价值追求，使每一位师生都能自觉传承中华文化的薪火，生生不息，直至永远。

（三）处理好立德与树人的关系

"立德"和"树人"两者不可偏废。办人民满意的教育，就是要以立德树人为根本任务，坚持走内涵式发展道路，不断提高人才培养质量。读书才能教书，做人才能育人。教师只有学高身正，才可能培养出思想品德良好和健全人格的学生，影响和教育学生成为栋梁之材。新西兰教育学者约翰·哈蒂用15年实证研究表明：师生关系是影响教育的关键。这也从一个侧面印证了有什么样的教师就培养出什么样的学生言之不谬。

面对多元文化、信息化、世界扁平化的冲击，各种纷至沓来的形形色色文化无疑会影响青少年的价值选择。教师要不断提高自己的政治素养，用习近平新时代中国特色社会主义思想武装头脑，自觉抵制不良思想的诱惑与侵蚀，形成正确的世界观、人生观和价值观，积极做学生锤炼品格的引路人、学生学习知识的引路人、学生创新思维的引路人、学生奉献祖国的引路人，为培养德智体美全面发展的社会主义接班人和建设者做出积极贡献。

二、推动"人的全面发展"的需要

学校德育是学校对学生进行的思想品德教育，它属于共产主义思想道德教育体系，是社会主义精神文明建设的奠基工程，是我国学校社会主义性质的一个标志。它贯穿于学校教育教学工作的全过程和学生日常生活的各个方面，渗透在智育、体育、美育和劳动教育之中，与其他教学工作互相促进、相辅相成，对促进学生的全面发展，保证人才培养的正确方向，起着主导作用。

（一）培养目标

培养学生初步具有爱祖国、爱人民、爱劳动、爱科学、爱社会主义的思想感情和良好品德；遵守社会公德的意识和文明行为习惯；培养良好的意志、品格和活泼开朗的性格；自己管理自己、帮助别人、为集体服务和辨别是非的能力，为使他们成为德、智、体全面发展的社会主义事业的建设者和接班人，打下良好的思想品德基础。

（二）基本内容和要求

主要是向学生进行以"爱祖国、爱人民、爱劳动、爱科学、爱社会主义"为基本内容的社会公德教育和有关的社会常识教育（包括必要的生活常识、浅显的政治常识以及与小学生有关的法律常识），着重培养和训练学生良好的道德品质和文明行为习惯，教育学生心中有他人，心中有集体，心中有人民，心中有祖国。

1. 热爱祖国的教育

教育学生知道自己是中国人，尊敬国旗、国徽，认识祖国版图，会唱国歌；初步了解家乡的物产、名胜古迹、著名人物，祖国的壮丽山河、悠久历史、灿烂文化和社会主义建设的伟大成就以及改革开放带来的巨大变化，培养热爱家乡、热爱祖国、热爱社会主义的感情和民族自尊心、自豪感；知道历史上中华民族曾遭受帝国主义的欺侮和进行的英勇反抗，我国与世界发达国家的经济水平还有很大差距，社会主义现代化建设还会遇到很多困难，逐步树立长大为建设家乡、振兴中华做贡献的理想；知道我国是一个多民族的国家，各族人民要互相尊重、平等相待，完成祖国统一大业是各族人民的共同心愿；逐步懂得"祖国利益高于一切"，爱护国家财产，立志保卫祖国，热爱和平，反对侵略战争。

2. 热爱中国共产党的教育

教育学生知道中国共产党领导人民进行革命斗争，建立了新中国，现在正领导人民进行社会主义现代化建设，使学生懂得幸福生活是中国共产党领导人民取得的；学习老一辈无产阶级革命家和优秀共产党员英勇奋斗、艰苦创业、大公无私、坚持真理、全心全意为人民等高尚品质，培养热爱中国共产党的感情；知道中国共产党是中国少年先锋队的创建者和领导者，少先队员要接受党的教育，做党的好孩子。

3. 热爱人民的教育

教育学生知道我国劳动人民在旧社会受剥削、受压迫，新社会人民是国家的主人，各族人民共同建设我们的国家；知道我国人民创造了中华文明，了解我国人民勤劳勇敢、自强不息、不畏强暴、热爱和平等传统美德，培养热爱人民的感情；要尊重各行各业的劳动者，向先进人物学习，初步培养为人民服务的思想；要孝敬父母、尊敬师长、尊老爱幼、友爱同学、同情和帮助残疾人、助人为乐、与各族少年儿童、外国小朋友友好相处。

4. 热爱集体的教育

教育学生知道自己是集体中的一员，要热爱集体、关心集体，培养集体意识和为集体服务的能力；服从集体决定、遵守纪律、努力完成集体交给的任务，珍惜集体荣誉，为集体争光；在集体中团结、谦让、互助、合作，关心他人，积极参加集体活动，学习做集体的小主人。

5. 热爱劳动、艰苦奋斗的教育

教育学生懂得劳动光荣，懒惰可耻，祖国建设离不开各行各业的劳动，幸福生活靠劳动创造；要热爱劳动，参加力所能及的自我服务劳动、家务劳动、公益劳动和简单的生产劳动，掌握一些简单的劳动技能，培养劳动习惯，爱护公物，勤俭节约，珍惜劳动成果；学习老一辈艰苦创业的优良传统，初步培养吃苦耐劳、艰苦奋斗的精神。

6. 努力学习、热爱科学的教育

教育学生知道学习是学生的主要任务，是公民的权利和义务；初步懂得建设祖国、保卫祖国离不开文化科学知识，从小把自己的学习与实现社会主义现代化的理想联系起来，启发学生的学习兴趣和求知欲望；培养勤学好问、刻苦努力、专心踏实、认真仔细的学习态度和良好的学习习惯；热爱科学，相信科学，反对迷信，不参加各种封建迷信活动。

7. 文明礼貌、遵守纪律的教育

教育学生关心、爱护、尊重他人，对人热情有礼貌，说话文明，会用礼貌用语，不打架，不骂人；初步掌握在家庭、学校、社会上待人接物的日常生活礼节；遵守学校纪律和公共秩序；讲究个人卫生，保持环境整洁；爱护公用设施、文物古迹，爱护花草、树木，保护有益动物。

8. 民主与法制观念的启蒙教育

教育学生懂得在集体中要平等待人，有事和大家商量，少数服从多数，个人服从集体；在少先队组织里学习开展批评与自我批评，行使少先队员的权力，学习过民主生活。知道国家有法律，法律是保护人民利益的，公民要知法、守法，学习和遵守《中华人民共和国交通管理规则》《中华人民共和国治安管理处罚条例》《中华人民共和国道路交通管理条例》《中华人民共和国义务教育法》和《中华人民共和国未成年人保护法》等法规中与小学生生活有关的规定。

9. 良好的意志、品格教育

教育学生要诚实、正直、谦虚、宽厚、有同情心、活泼、开朗、勇敢、坚强、有毅力、不怕困难、不任性、惜时守信、认真负责、自尊自爱、积极进取。

10. 辩证唯物主义观点的启蒙教育

引导学生学习怎样正确看待周围常见的事物；初步学习全面发展地看待问题的方法。

第二节　德育的实践架构

一、设计理念

（一）总体目标

坚持"日星日新"教育理念，以 STARS 教育为载体，以学生全面发展为动机，以课堂教学为抓手，以学生健康成长为根本，积极拓宽德育渠道，努力追求德育教育的多样性与丰富性，积极建设适合学生成长需要的"五星六环"STARS 教育特色的德育实践体系，为学生的健康成长和未来发展提供坚实的思想道德基础，把学生培养成为高素质的中国公民。

（二）基本原则

德育的基本原则是指思想品德教育必须遵循的基本准则和要求。德育规律的体现是受德育目的和受教育者身心发展规律制约的、古今中外教育实践经验的总结，体现一定阶级、民族和文化的特点。是制订德育计划，选择德育内容、方法和组织德育过程的依据。中国古代教育家孔子、孟子提出言行一致、因材施教、以身作则、长善救失、笃志、自省、锻炼意志等原则。宋代朱熹主张知为先，行为重，积极教育与消极预防结合。德育原则是教师对学生进行德育必须遵循的基本要求，它反映了德育过程的规律性，是对德育实践经验的概括和总结。

1. 道德认知与道德实践并重。又称理论和实践相结合的原则、知行统一的原则。

2. 严格要求与尊重信任。严格要求是指严格按照教育方针和德育任务，对学生进行教育；尊重信任是指在民主平等的基础上关心学生的成长，尊重学生的人格，信任学生能在教师的指导下自主发展。

3. 统一要求与个性发展相结合。保证所有学生的发展同社会发展的总方向相一致，又要针对学生的个别差异，有的放矢地进行教育。

4. 集体教育与个别教育并举。通过集体来教育个人，又要通过个别教育来加强和影响学生集体。

5. 学校教育和社会影响相统一。既要重视学校教育在青少年品德形成过程中的主导作用，又要重视社会各方面的影响，相互配合，协调一致。

（三）培养目标

我们认为教育的真谛在于使知识转化为智慧，使文明沉淀为人格，使"他"成为"他自己"。仅仅重视知识传授的教育是畸形的，教育应该包括知性和感性的学习，愉快的生活、健全的人格、和谐地与人相处的能力，培养独特的个体更为重要。为此，我们对德育培养目标进行校本化解读，提出了"五大领域，十项关键道德素养"和"六环架构"。"五大领域"即为积极乐观、自立自强、爱好体艺、品行端正、乐于探索。"十项关键道德素养"即为责任、荣誉、意志、勇气、热忱、团队、尊重、忠诚、主动、正直。"六环架构"从内到外，分别是"人格品质""核心道德素养""品德课程与三会教育""其他学科综合渗透""德育活动体验""社会实践检验"，将抽象的培养目标具象出适合学生发展的五大领域，十项关键道德素养。

学校秉持"日星日新"的校训，奉行"让每一颗星星都闪亮"的办学理念，以 SATAS 教育德育实践"六环架构"体系为载体，让每一个在星海小学就读的学生都能够充分展示自我，绽放个性，闪亮出彩，成为"STAR"。

二、实践架构

（一）五大领域，十项关键道德素养

1. 五大领域

教育必须培养全面、和谐、完整的人，必须指向人的核心素养，让学生追求完整的生活、完整的人生。国际上公认的核心素养包括三个方面——"人与自我、人与工具、人与社会"，针对学校 STARS 教育学生发展的五大核心素养引申出德育的五大领域。

（1）积极乐观。星海的学子要养成良好的生活习惯，努力达到身体发育良好，每个学生至少要有一项自己喜欢的体育运动并掌握一项体育技能。能保持积极乐观的心态，能够调整、反省、管理自己的行为，不断超越自我。

（2）自立自强。星海的学子要具养成阅读的习惯，认识中国文化的丰厚博大，立足国际视野，了解多样文化；学会倾听、表达与交流，学会文明地进行人际沟通和社会交往；做具有责任担当、有家国情怀的现代中国人。能自尊自重，自立自强，爱自己、爱家人、爱生命、爱集体、爱家乡、爱祖国、爱世界。

（3）爱好体艺。星海学子至少要掌握一门艺术特长，要掌握基本的艺术知识技能，具备发现美、感受美、欣赏美、创造美的意识与能力，具有一定的艺术修养和审美情趣。

（4）品行端正。星海学子既要具有宁海学子自然质朴的特性，又要人格健全，品行端正。具有正确的理想信念，自尊自律，诚实守信，文明礼貌，宽和待人，做有益于他人、有益于社会的新时代公民。

（5）乐于探索。星海学子要敢于接受挑战，能发现问题、主动探究，具有大胆尝试、敢为人先的精神和创新实践能力，勇于面对生活中遇到的实际问题，积极实践，学会适应。

2. 十项道德关键素养

（1）责任：自己应承担的职责不推卸，具有这样的品质，别人乐于与你交往。

（2）荣誉：即使命，要为自己认可的目标奋斗，从不抱什么事都无所谓的态度。

（3）意志：绝不惧怕失败，永不放弃，坚韧不拔，没有什么不可能。

（4）勇气：做勇敢者，挑战逆境，克服恐惧。

（5）热忱：真诚地面对，热情而专注。

（6）团队：有共同的目标与精神的组织，不盲目迷信个人英雄行为。

（7）尊重：敬重而重视，对人或规则，从内心里敬重和重视。

（8）忠诚：尽心竭力，全力以赴，对认可的目标不动摇，不怀疑。

（9）主动：行动不迟缓、不拖延，认真做好经手的事情。

（10）正直：公正刚直，这会使你受欢迎。

（二）"六环"架构

1. 第一环：人格品质

教育的终极目的是为了培养人，而最能体现一个人素质是他的人格品质。所以我校"五星六环"STARS课程核心环就是"人格品质"环。而我校认为学生应该具备的五大优良品质有：达礼、知书、明理、审美、健体。

2. 第二环：核心道德素养

学生在接受相应的教育过程中，逐步形成的适应个人终生发展和社会发展需要的必备品格与关键能力即为核心素养。承接"人格品质"的第二环为"核心素养"。我校认为学生应具备的五大核心素养是：德行操守、人文涵养、科学实践、艺术素养和身心健康。

3. 第三环：品德课程与"三会"教育

以国家课程、地方课程为基准，以学生自主发展为根本，按规定开设的国家基础课程品德与生活或品德与社会，晨会、班会与队会等每周至少安排一课时，主要进行常规教育，开展少先队中队活动，并结合学校和学生实际，由班主任教师自行安排。

4. 第四环：其他学科综合渗透

其他各门课程均应相应结合本学科特点，有机地进行思想道德教育。围绕一个共同的主题将多个相关学科整合在一个正式的学程里进行综合化的项目式学习，加强学科间的相互配合，发挥综合育人功能，不断提高学生综合运用知识解决实际问题的能力。学校以"校园节日活动"为媒介进行了学科间课程整合的实践尝试，以 1-6 年级所有国家课程为蓝本，关注学科之间的本质联系，消除学科边界，重新洗牌，抓住核心点构建综合性活动课程。加强相关学科纵向衔接和横向配合，推动跨学段整体育人、跨学科综合育人的综合性课程的育人功能。环境、健康、国防、安全等教育也应渗透在相应课程中进行。

5. 第五环：德育活动体验

是与学科德育课程相对的非学科德育课程体验。结合学校德育目标，整合、梳理学校德育活动平台，通过以学生为主体的体验、浸润式的德育活动课程，培养学生思想、政治、法制、心理等多方面德育素养。依据脑科学、心理学研究成果对教育的影响，从关注人的本身出发，以活动课程作为媒介和手段，通过体能、智能的协调统一，从而实现自我和谐发展的活动。如：以习惯养成、起步拉齐为目标的幼小衔接"入学礼"；以人际交流、兴趣培养为目标的"十岁成长礼"；以方法习得、成长规划为目标的"毕业礼"活动等。

6. 社会实践检验

依据学生身心发展的规律和学科知识的内在逻辑及认知规律，把课内外、学校与社会联系起来，把间接的书本知识学习和直接经验体验结合起来，为学生开发可供学生健全人格的形成和态度、能力、知识等方面的学习与发展的补充型课程。包括主题夏令营、社会实践成长训练营等。

总之，学校在夯实"品德课程与三会教育"的基础上，通过"其他学科综合渗透"，扩大学生道德认知，让学生的德育知识、思想认识更加丰富。再通过"德育活动体验"进一步提高学生道德实践运用能力。最后，通过"社会实践检验"给学生以展示自我品德的舞台，进一步提升学生道德素养。这样，通过六环体系，不断地把学生的五大领域十项德育关键素养推向顶端，实现让每一颗星星都闪亮的目标。

第三节 德育的实践策略

一、各项规则的制定

星海小学在践行 STARS 教育理念的德育实践活动中，各种规则、法则的制定，无不体现学生的立场、童年的视角、教育的远见。

星海小学学生一日常规三字经

晨早起，整书包，物带全，不迟到；
进校门，穿校服，校徽卡，要带上。
红领巾，胸前飘，衣整洁，精神棒；
见老师，行个礼，见同学，问个好。

客人来，要招呼，讲文明，有礼貌；
进教室，就坐好，多读书，不吵闹。
要排队，听指挥，不出声，脚步轻；
横成行，竖成线，有秩序，不乱跑。

集会时，静无声，升国旗，须肃立；
敬队礼，唱国歌，师讲话，要记牢。
广播操，认真做，听口令，姿势正；
动作齐，强有力，常坚持，身体好。

铃声响，进课堂，坐端正，看前方；
人发言，不插嘴，爱提问，勤动脑。
课间时，要文明，上下楼，靠右行；
不奔跑，禁打闹，下堂课，物备好。

午餐时，要吃饱，不浪费，餐盘净；
盘碗筷，轻轻放，取饮水，要排队。
水果皮，不乱扔，见纸屑，随手捡；
桌摆齐，地扫净，包干区，勤检查。

放学时，速离校，物放整，桌凳齐；
电灯灭，风扇停，电源关，门窗锁。

不追逐，不打闹，件件事，要做好；

过马路，坐公交，遵交规，保安全。

星海小学十条教育信念

1. 每个学生都要拥有尊严。

2. 每一个学生都可以改变。

3. 每一个学生都可以成功。

4. 每一个家长都关心子女。

5. 每一个家长都理解孩子。

6. 每一个家长都乐于沟通。

7. 每一个教师都爱岗敬业。

8. 每一个教师都尽责进取。

9. 每一个教师都心怀关爱。

10. 每一个星海人都爱星海。

星海小学学生守则

1. 背心裤衩覆盖的地方不允许别人摸。

2. 小秘密要告诉妈妈，不保守坏人的秘密。

3. 不喝陌生人的饮料，不吃陌生人的糖果，不要陌生人的东西。

4. 见到老师同学主动问好，称呼同学的姓名，不给同学或他人取侮辱性的外号。

5. 所有的作业必须自己完成，考试不作弊。

6. 上课要认真倾听老师、同学的发言，举手回答问题，不插嘴，不说闲话。

7. 如果有困难可以约请老师帮助，老师会很高兴帮你的。

8. 参加集会或公共场所的活动，要保持安静，听从组织者的要求和遵守秩序。

9. 在走廊楼梯中要靠右行，保持安静；上课、放学时遵守交通规则，不嬉戏打闹。

10. 有礼貌地进教师办公室，先敲门再说报告，征得同意后再进入。

11. 自己整理并保管好书包、文具、衣物、雨伞、水杯等。

12. 自觉维护环境卫生，看到垃圾要主动捡起，并放入垃圾桶，不刻画桌椅墙壁等。

13. 外出活动、上网玩游戏等要得到监护人的允许。

14. 进校后外出要请假，遇迟到、早退应故未到等情况，要向老师说明理由，因病因事不上学，需要事先向老师请假。

15. 平安成长比成功更重要。

星海小学家庭教育基本法则

1. 家庭教育归属法则，让孩子在健康的家庭环境中找到归宿。

2. 家庭教育希望法则，永远让孩子看到希望。

3. 家庭教育示弱法则，永远不要与孩子斗强。

4. 家庭教育尽责法则，孩子成年以前管束教育是父母应尽的责任。

5. 家庭教育倾听法则，尽管孩子在家里没有决定权，但是一定要倾听他们的声音。

6. 家庭教育榜样法则，言传身教对于孩子影响是巨大的，成人是孩子行为的榜样。

7. 家庭教育尊重法则，尊重孩子对世界的看法，并尽量理解他们的立场。

8. 家庭教育惩罚法则，这一法则容易使孩子产生逆反和报复心理，慎用，但惩罚是必要的教育手段。

9. 家庭教育后果法则，让孩子了解其行为在现实社会中可能产生的后果。

10. 家庭教育底线法则，教孩子从小了解道德和法律的界限。

11. 家庭教育距离法则，培养孩子的独立意识，父母与其保持适当的距离。

12. 家庭教育四何法则，在任何情况下都要了解孩子跟何人在一起，在何地，干何事以及何时回家。

星海小学学生的 12 个好习惯

1. 遵守规则的习惯。

2. 礼仪交往的习惯。

3. 自信表达的习惯。

4. 爱好劳动的习惯。

5. 爱好思考的习惯。

6. 爱护公物的习惯。

7. 爱好合作的习惯。

8. 爱好阅读的习惯。

9. 自主体验的习惯。

10. 爱好运动的习惯。

11. 铭记感恩的习惯。

12. 关爱他人的习惯。

星海小学星海之星评比细则

1. 尊重他人：尊重同学，尊重老师，尊重从我们自己做起，注意倾听他人的发言，接受有益的信息，尊重别人，才能得到别人的尊重。

2. 珍惜时间：能够带头遵守时间，因为不去上学或者上学迟到，会让我们错过那些使我们变得更聪明的知识，养成不爱惜时间的坏习惯。

3. 遵守校规：遵守校规，才能形成安全的学习环境，不守校规的行为会扰乱教学秩序；遵守规矩，并且专心听讲，才能获得学习的进步。

4. 热爱学校：学校的一切财物，应当珍惜。热爱学校，从爱护学校的一切花草树木开始。

5. 行为端庄：不乱动手脚打人，因为打架会导致暴力，以致养成令人讨厌的恶习。

6. 言语文明：不说让人憎恶的和不文明的言语，友好、仁爱是同学友谊的基础。

7. 诚信做人：我们都希望得到别人的信任，因而应从自己讲诚信和信任别人开始。

8. 身心健康：拒绝受别人影响到流动摊贩处买不洁食物而危害自己的健康，健康和丰富多彩的生活是我们的追求。

9. 学会交往：避免和不正派的人交往。因为我们是正派和有责任感的人；积极与人交流交往，不能故步自封。

10. 努力学习：科学安排学习时间，主动学习，探究性地学习，具备良好的学习习惯和学习能力，对学习能保持兴趣和热情，为终身学习做好准备。

星海小学优秀班干部评选细则

1. 行为习惯上严格要求自己。

2. 关心热爱集体，团结帮助同学，受同学们欢迎。

3. 各项活动都能处处带头，积极参加社会实践活动。

4. 协助班主任当好小助手，积极处理班级事务。

5. 学习习惯良好，各科成绩均为优秀或良好。

星海小学优秀学生评选细则

礼仪细则要求：

1. 关心体贴父母，与父母、同学说话和气。

2. 上学、放学、回家会跟老师、同学、家长打招呼，会使用常用的礼貌用语，见到认识的人主动问好。

3. 乐意和班上的同学交往，做朋友。

4. 不做让别人生气的事。

5. 不欺负弱小的同学。

6. 主动帮助遇到困难的同学。

7. 平时能做到仪表整洁大方，理学生发型，穿校服。

自理细则要求：

1. 爱护环境卫生，不随地吐痰。

2. 宣传环保意识，不乱丢乱涂乱画。

3. 能做到学校规定的轻、清、静，轻说慢走静听。

4. 积极参加班级、学校和家庭的清扫劳动。

5. 爱护个人卫生，自己洗衣、洗澡等，主动帮做家务。

诚信细则要求：

1. 与人相约，要惜时守信。

2. 说到的事一定做到，办事不拖拉。

3. 明辨是非，有正义感，有班级主人翁意识。

4. 不说谎话，勇于承认错误，并认真改正。

5. 对于同学的缺点，能诚恳的给予建议。

好学细则要求：

1. 爱惜书本、文具等学习用品。

2. 喜欢上每一堂课，认认真真写好每一个字，做好每一次练习。

3. 积极参与学校班级开展的各项活动。

4. 能主动预习和复习，有自主灵活的学习方法。

5. 喜欢看课外书籍，有广泛的爱好和持续的学习兴趣。

6. 各科学业成绩反映出全面发展的趋势。

星海小学体育积极分子评比细则

1. 认真上好每节体育课，每天 1.5 公里跑能起到模范带头作用，坚持每天锻炼一小时。

2. 每天认真做广播体操和眼保健操，动作规范、标准。

3. 曾获得校级及以上体育竞赛奖项。

4. 积极参加有益的文体活动。

5. 坐、立、行、读书、写字姿势正确。

6. 爱护体育设施设备。

7. 未出现安全事故。

星海小学小画家评比细则

1. 认真上好美术课。

2. 对绘画感兴趣，喜欢画画。

3. 有美术作品参赛。

4. 有美术作品获校级以上表彰。

5. 积极参加美术兴趣活动。

星海小学舞蹈之星评比细则

1. 积极准时参加舞蹈兴趣班的训练。

2. 擅长舞蹈表演，并有舞台表演的经历。

3. 勇于在活动中展示自己的舞姿。

星海小学小歌星评比细则

1. 认真上好音乐课，勇于在班里展示自己的歌声。

2. 积极参加班级各项文体活动。

3. 擅长唱歌，并有唱歌表演经历。

星海小学小书法家评比细则

1. 执笔姿势规范，写字姿势规范、标准。

2. 平时的作业，都能书写得漂亮整洁。

3. 对书法有兴趣，积极参加书法比赛。

4、书法作品参加校级以上比赛并获奖。

星海小学阅读之星评比细则

1. 能自由选择自己感兴趣的读物，进行广泛的阅读。

2. 能持之以恒、兴趣盎然、坚持阅读课外读物，一二年级 5 万字以上，三四年级 40 万字以上，五六年级 100 万字以上。

3. 通过阅读能介绍书中人物、内容梗概或精彩片段。

星海小学生活小能手评比细则

1. 爱生活，每天心情开朗、乐观、积极，与人为善。

2. 爱父母，理解父母，关心父母，能够与家长沟通交流。

3. 常主动帮父母做家务，学期末由家长反馈再评定。

4. 生活中自己能做的事自己做，如洗衣服、刷鞋子等。

星海小学环保小卫士评比细则

1. 对自己负责：做好个人卫生（勤洗澡、换衣服，物品摆放整齐，书本整洁等）；能说出三种污染空气和水质的现象。

2. 对集体负责：自觉保持环境卫生（不乱丢杂物，不随地吐痰，节约用水，爱护花草树木等），看到垃圾主动捡起来，能做到学校规定的"清、轻、静"。向家人及身边的人宣传环保知识，并督促他们做好。积极参加班级学校和家庭的义务环保劳动。

3. 对社会负责：做"环保卫士"（不乱丢废电池、拒绝一次性筷子、自觉执行垃圾分类、公共场所不喧哗等）。能提出一个美化环境的建议，向家人及身边的人宣传环保知识，并督促他们做好。经常性的参加校、班两级组织的环保教育活动，在活动中示范作用显著。

星海小学科技之星评比细则

1. 热爱科学，认真上好科学课，积极主动完成科学作业。

2. 对小制作、小发明有强烈的兴趣和爱好。

3. 擅长科学实验，有校级及以上比赛获奖经历。

4. 积极参加学校的科技节及相关的科技活动。

5. 动手能力强、探索意识强，有一定的创新能力。

星海在追寻 STARS 教育特色发展过程中，注重了细则与可操作性，虽然内容不仅详尽全面，但每一条目的确定都基于学生终身发展的立场。

二、各类特色活动列举

1. 学科特色活动之诗词大会

诗词教育是传承优秀中华传统文化的一项重要举措，学校的诗词教育体现四个结合原则，与语文学科紧密结合，与体、音、美等学科紧密结合，与德育教育相结合以及与校园文化相结合，以诗育德、以诗启智、以诗塑美、以诗促文，促进学生全面发展，促进学校办学水平的提高。同时大力推进诗词进校园、进课堂、进活动、进家庭、进社区。学校把诗教纳入常规教学之中，学校在建设"诗词进课堂"校本课程、开展"诵经典、读诗词"基础上，力求形式多样化，做到了班班有专攻，形式各不同。就如有些班级建立了"诗词书屋"，粘贴了诗词画卷，让家长参与开展"童心诵诗会"活动，学生不仅背诗、吟诗，还激发出了创作的热情。诗词大会是其中历时最长、参与面最广的一项常规活动。

诗词大会是在每班初选的基础之上选出表现突出的 3 名同学代表班级参加。比赛场上的选手个个跃跃欲试、信心满满，努力地想把自己最好的一面展示出来；场下的同学也紧张地盯住计分表，为自己班的选手暗暗鼓劲。通过一轮常规赛、一轮矩阵答题加上一轮加时赛，最终决出了胜负。整场比赛历时两个小时。通过这样的比赛，培养了学生的集体荣誉感，使同学们感受到诗词之美，让整个学校沉浸在诗词的海洋里。

2. 亲子德育系列活动

家校共育是学校非常重视的一项工作，为了建设更好的家校合作平台，学校开发了系列亲子德育课程和开展个别特色活动，充分调动起家长的力量，促进家校共育模式的发展，让教育更加灵动、更加贴近孩子的生活。

（1）亲子德育课程

一年级为趣味运动会，主要内容：两人三足接力、穿呼啦圈、篮球投呼啦圈、夹乒乓球、蒙眼转圈向前走。（均有家长和孩子共同参与完成）

二年级为生活自理大擂台，主要内容：给父母穿衣戴帽、打领结、绑头发；自己叠被子、与家长合作制作水果拼盘等（每年定一到两个项目、进行比赛）

三年级为十岁成长礼帐篷之夜主题活动，主要内容：每个家庭制作一份美食来参与冷餐会、学生表演节目、家长分享孩子成长小故事、表达学生寄语；晚上家长离开，学生四人一组在操场上睡帐篷。

四年级为亲子摄影大赛，主要内容：每年的摄影主题会更换（例如：我爱家乡，我最爱的人等），学生在家长的带领下，根据本年的主题去收集拍摄素材，上交一张最满意的照片，通过学校和家委会筛选，宣传每班若干张优秀照片，在校园里进行展览，由全校师生进行投票，选出优胜奖。

五年级为爱心义卖，主要内容：准备义卖物品，学生、家长指导定好物品的合理价格，并贴好标签。学生自己动手制作宣传海报，设计广告宣传标语，对义卖物品列好一张清单，在卖出时做好记录。最后收入所得由本人意愿捐给爱心基金。

六年级为毕业秀，主要内容：一是走红毯、签名留言。学生和家长一起结伴走过毕业生红毯，并在红毯终点处的留言墙上写下自己的毕业宣言、想对星海说的话、签下自己的个性签名；二是校长致辞、家长代表致辞；三是大屏幕播放毕业生成长历程；四是学生代表发言；五是学生自编自演节目（2~3个）；六是校长颁发优秀毕业生证书、为每一位学生颁发学校吉祥物和校徽纪念品，最后和毕业班学生拍照留念。

（2）特色亲子活动之"亲子毅行"

为了迎接新学期的到来，激发学生以饱满的精神面貌投入新学期的学习生活，用"行走"来迎接学习，学校家委会倡议并草拟"亲子毅行"亲子德育活动方案，经校方同意配合实施。在实施过程中学校与家委会成员进行多次沟通交流，制定活动的各个细节，确保活动的顺利召开。这不仅践行绿色、健康理念，也寓意着"大步迈向新学期"。同时，家长的陪伴对于孩子的成长极为关键，父母是孩子最坚强的后盾。在孩子成长过程中，如果有父母的陪伴，孩子会走得格外勇敢，即使摔倒，即使步履蹒跚，也毅然坚定如初。因此活动参与对象不仅仅是学生，同时还有他们的父母。

为了丰富活动项目，学生将分"高、低"两个年级段参与。一、

二、三年级的同学参加"三公里亲子毅行"活动，学生和自己的家长组成小队，到学校后在指定地点领取手卡，登记出发时间后前行，沿着指定路线徒步三公里行走，沿途每隔一公里打一次卡，到达终点后登记到达时间。而四、五、六年级的同学将在校内进行1.5公里慢跑（可以选择跑步也可以选择走行），学生和家长组成小队，领取手卡登记出发时间，环绕操场跑道完成1.5公里慢跑，每隔0.5公里（两圈）打一次卡，完成全程后记录到达时间。当然，对于同学们而言，跑步素来是大家最不愿做的事情，学校显然也是对学生的积极性进行了考虑。为了极大地激发学生的跑步兴趣，本次毅行手卡上将会登记出发及到达终点所用时间，同学们需要计算并写好总用时，方便次日报名上交班主任，每个班级将对亲子毅行活动前五名进行表彰。最终，本次活动在大家的欢声笑语中圆满结束，参加活动的家长纷纷表示，这次活动非常有意义，不仅锻炼了孩子们的意志，还极大地增强了孩子与家长之间的情谊。一位家长说："步行这么长时间，我的孩子没喊一句累，兴致勃勃地完成了整个活动。通过活动，让我看到了孩子坚强独立的一面，同时，也增进了自己与孩子的沟通交流，拉近了与孩子的距离，让父母和孩子在活动中品尝到共同成长的快乐。"

3. 校园五大节日活动

学校根据"五星六环"课程体系、发展特色校园文化，在文化活动中发展学生的个性、培养学生的人文情怀、科学素养、家国情怀、实践能力和先进视野，结合一年中不同时间节点和各类特色节日制定了学校五大节日活动，分别是文化节、科技节、艺术节、阅读节和体育节。在每个节日中，学校为根据不同年段学生的年龄特征和发展情况制定了不同的主题文化活动，形成循环模式，让学生的小学六年可以体验到完全不同的五大节日。

（1）薪火传承，民族传统文化节

英国诗人华兹华斯早就虔诚地说过：儿童是成人之父。这句话成为 20 世纪初儿童运动最响亮的口号，学校为学生在假期安排了以"学礼仪文化，做文明少年"为主题的文化节活动，希望学生在假期里通过对传统礼仪文化进行学习，让古老文明的礼仪意识在儿童的血脉里激烈碰撞逐渐凝成。

首先在学生在校期间，组织学生了解礼仪的形成、发展、作用等，明白作为一个文明人必须知礼仪、习礼仪。

布置学生在假期里学习关于仪态、举止、言语、用餐、游乐的基本礼仪，低年级学生人人学会穿衣、会行走、会吃饭、会说话、会相处。高年级学生参加网络礼仪知识问答的活动，能够人人懂礼仪、人人讲礼仪。

学校在前期还会邀请家长走进学校、走进课堂，从自己工作中、生活中的点滴小事讲起，告诉学生礼仪在生活中无处不在，并在假期中和学生一起练习生活中的礼仪，让学生学会从另一个角度审视礼仪，加深对礼仪的理解。

此外，我们鼓励学生在假期组织参加"礼仪伴成长环保志愿活动"。培养学生责任意识和服务意识是我校公民教育的切入点，为了引导学生继承优良传统，弘扬志愿服务精神，各年级义工队开展系列志愿服务活动，宣传环保知识、向市民颁发孩子们自制的宣传单，倡导低碳环保生活，捡拾烟头、废弃物、动物粪便，自觉成为社区服务小卫士。

在假期结束后，各班采取不同的形式进行学习汇报。目前各班展现的汇报形式大致有；礼仪操、少先队礼仪、日常生活礼仪展、礼仪情景剧、吟诵礼仪诗篇、唱响礼仪歌曲、高年级段的学生走进班级为低年级段的学生讲礼仪等。虽然文化节在假期举行，但是在学校、家庭、社区三方共育的引导下，学生很好地度过了一个有意义的文化节。

（2）与时俱进，学做并重科技节

为了进一步推动学校科技教育，普及科学知识，培养学生的科学创新精神和科技创新能力，提高学生的综合科学素养，激发学生爱科学、学科学、用科学的热情，展示学生的创造能力和特长，推进素质教育的实施。根据上级部门有关文件要求，学校在每年的3月中旬举行"科技节"。科技节的主题是"体验、创新、成长——节约能源，保护生态环境"。

活动当天，一年级学生参观了学校科技馆，学校科技馆展出的展品涵盖机器人组装、3D打印、航模、车模、陶艺、百米长卷科幻画、科学实验、生活技能等30余个科技类型，展出近年来伴随星海小学科普教育发展产生的一系列优秀科技作品和成果。

二年级学生参加了七巧板绘画赛。学校统一购买七巧板绘画工具，提前在科技节前对学生进行一定程度的辅导，让学生具备一定的绘画技巧和创作能力，可以对着简单的实物来进行七巧板画的设计。活动当天评选出了50余幅优秀作品，学校通过展览、网络宣传等方式对这些作品进行了展示。

三年级学生进行了科学幻想画比赛。学校希望学生能着眼于"节约能源资源，保护生态环境"，适应社会低碳生活的潮流。通过科学幻想，绘出未来科技、生活的美丽画卷。为了调动学生的主观能动性，激发学生的创作热情，充分发挥他们的动手能力，作品可用电脑画，也可用油画、国画、水彩画、水粉画、铅笔画、蜡笔画、版画、粘贴画等绘画技巧、风格及使用不同材料表现（不包括非画类的其他美术品与工艺品）。各班提前组织学生画科学幻想画，全校举办当天科学幻想画展览。

四年级学生进行电动小车制作比赛，学校科技小制作社团老师通过视频、面授的方式教学生如何组装一台电动小车，学生可以在制做好基础版小车后通过自己的创意设计，设计出独一无二的小车。学校为学生准备了大量制作零件材料，学生在规定时间内制作好小车，并进行轨道竞赛，老师将对小车的外观和速度进行打分，评选出优秀作品。

五年级进行航模制作比赛，参赛选手均使用同一规格的手掷模型滑翔机，学生必须现场组装滑翔机，可以使用一定的材料进行个性化装饰。每架飞机只允许参赛者本人使用，裁判将根据滑翔机外观、飞行滞空时间对选手进行打分，最后评出优胜奖。

六年级进行科学调查研究。六年级学生立足身边的科学来完成实验现象，叙写自己在生活中的独到发现，体裁以科技说明文和小论文为主，字数在 500—1500 之间。内容及要求：学生源于科技活动撰写的科学成果论文。如：实验报告、考察报告、观察（观测）报告、调查报告、研究报告等。学校组织科普小论文竞赛。

一年一度的科技界活动，帮助学生进一步树立"科技是第一生产力"的观念，激励学生崇尚科学，热爱科学，掌握科学知识和方法，激发科学创新精神，形成正确的世界观和人生观。

（3）百花齐放，星光闪闪艺术节

学校为了进一步丰富学校文化生活，体现"活泼、开朗、个性化"的校园文化特质，面向全体学生，凝聚团队精神。学校在每年的六月份组织开展艺术节活动，帮助学生培养健康的审美情趣，陶冶情操，提高感受美、鉴赏美、表现美、创造美的能力，促进学生艺术素养。

艺术节包含了一系列比赛和活动，涉及美术、音乐、舞蹈、体操、传统手工艺品制作等方向，项目繁多，形式多样，团体与个人赛事异彩纷呈。如学校在"班班有歌声"的基础上，进行全校海选，举办校园合唱大赛。学校还在艺术节中安排了社团成果展示周，把每年学生社团的作品进行为期一周的展示，手工艺品、书画、科技制作、魔术道具表演等，吸引了大批学生前来观看。在最后一天，校方会将通过海选的社团节目集中到一起，开展一场成果展示汇演，学生有的表演舞蹈，有的一展歌喉，有的演奏乐器，精彩的表演展现了学校学生社团的文化风采。在六一节，还举办了"十里童心绘长卷"创作活动，把学生的学习生活、美好愿望、宏大理想用手绘的方式，在长长的画布上描绘出来，为艺术节系列活动添上了浓墨重彩的一笔。

艺术节举办，不仅弘扬中华民族优秀文化传统特色，而且结合了学校的特质，充分反映学生爱祖国、奋发向上的精神风貌，具有时代特征、校园特色、学生特点。

（4）源远流长，传承经典阅读节

国学经典博大精深，是千百年历史长河中积淀下来的文化经典，是中华民族的文化之根。学校为促进学校文化建设，着眼于学生的长远发展，学校将国学经典的诵读作为丰满学生人文素养之翼的主要内容，开展的"诵读国学经典，打造书香校园"活动，取得了一定的成效，不仅丰富了学生的语言积累，也营造了浓厚的传统文化教育氛围，提升了师生的人文素养。每年九月份开展阅读节活动，制定了《国学经典诵读活动实施方案》，对不同的年级设定不同的目标。学校坚持开展"古诗文进课堂"活动，各年级主要诵读《弟子规》，根据学校安排，要求二年级以上年级也逐步将启蒙经典《三字经》《千字文》《唐诗三百首》纳为补充学习篇目。

具体实施办法有以下几点：

一是各班在教室布置装饰古诗文的内容，张贴、悬挂师生的诗文书法作品，充分利用好黑板报，开辟"古诗乐园""今日格言""经典语录"等栏目。充分利用学校宣传栏等宣传阵地，开办古诗文专栏，并为教师配备带有详细注解的国学启蒙经典书籍。全体语文教师积极参与和投入该活动的实施过程中，想方设法，为学校营造书声朗朗的良好诵读氛围。

二是按照统一的诵读进度和篇目，每天固定十分钟诵读时间（8：00—8：10）。要积极创设良好的诵读氛围和环境，提倡通过经常地、轻松地大声朗读，自然成诵，保护学生的诵读兴趣。每周从校本课程中抽出一节，作为诵读课，用于诵读指导、复习、回顾。音乐课每月至少教一首谷建芬的《古诗新唱》。

三是号召学生制作随时携带的古诗文诵读卡，背面可设计配图和注解。学生每天在家中诵读十分钟，作为课外阅读的一项。各班结合正在开展的课外阅读进行，建立了古诗文诵读个人档案，记录学生背诵情况。各班并相应举行了"古诗文朗诵擂台赛"，活动课"经典伴我成长""《弟子规》在身边"故事会等活动。"读经典的书，做有根的人"，我们将一如既往地进行国学经典诵读活动。

（5）强身健体，快乐奔跑体育节

学校全面贯彻党的教育方针，大力推进学生素质拓展计划，建设健康向上的校园文化，构筑良好的育人环境，提升学生的文化素养和身体素质。传播奥运精神，建构校园文化，培养学生的参与意识和终身体育意识，为实现学生全面发展、营造积极氛围、最终提高教育教学质量，我校开展了以"我健康，我快乐"为主题的体育节。

体育节设定在每年的 11 月中旬，活动分三个阶段。第一阶段是全校学生参与的秋季田径运动会，包括短跑、长跑、接力跑、跳高、跳远、扔垒球和实心球等传统项目。第二阶段是我校举办的广播操比赛和达标运动会。第三阶段是各年级的特色趣味运动会，包含各类趣味体育项目和亲子活动环节。

一年级进行亲子趣味接力跑，各班学生和家长一起参加，先由孩子跑第一趟，跑到终点后由家长背着孩子折返跑回，到转折点后完成30个跳绳，再钻进袋子里袋鼠跳返回终点。

二年级进行跳绳比赛，比赛分为单人跳、双人组合跳绳和团体跳绳三个项目，学生可以自由选择参加项目。比赛以擂台赛的形式进行，进行攻擂和守擂，鼓励学生学会合作，勇于挑战。

三年级进行五人四腿竞速赛，学生五人一组进行组合，相邻的队友的腿绑在一起，合作走完50米赛道，看谁用时最短，最先到达终点组获胜。

四年级进行拔河比赛，各班选出总重量相当的代表队参赛，为公平起见，参赛组别分为女子组和男子组，为优胜班颁发"小小大力士"荣誉称号。

五、六年级进行篮球全明星挑战赛，比赛项目和NBA全明星赛相似，分为带球绕桩、定点投篮、三步上篮三部分，以用时长短来评判胜负。

开展体育节活动一是为了弘扬体育精神，传播体育文化，营造浓厚的学校体育文化氛围，全面促进学生素质教育和身心健康，体现星海人的精神风貌，增强体育锻炼意识，展现星海人的运动风采。二是希望通过丰富多彩的体育节活动，提高师生的体育兴趣，调动体育锻炼的积极性，增强师生的体育意识，提高体育的素养，发扬团队精神，丰富师生的业余生活，促进各班级的交流，增进友谊，形成浓厚的校园体育文化氛围。三是希望以体育节为平台，通过开展丰富多彩的活动，普及体育基础知识与技能，以点带面，提高学校体育运动的整体水平。

4. 中华传统节日活动

（1）重阳节。"百善孝为先"是我们中华民族的传统美德，作为炎黄子孙，自然应当继承传统、弘扬传统。为引导少年儿童孝敬父母，孝敬长辈，学会感恩，树立良好的家庭美德观念，增强少年儿童的社会责任感，特在重阳节之际，针对全体队员，开展以"念亲恩"为主题的青少年感恩敬老行动。活动以中队为单位，开展"我是长辈小助手"活动，社会实践活动为主要形式，统一在 10 月 9 日至 10 月 21 日两周内，开展感恩系列活动。活动内容如下：①了解重阳节典故及其传统。②每位队员了解自己或他人孝敬父母、长辈，互敬互爱的真实感人的故事。③开展"三个一活动，让夕阳更灿烂"活动。即：为老人做一件好事、听老人讲过去的故事、和老人拍摄一张照片。④小小真心话，每位队员将自己想要对父母、长辈说的祝福语或最想表达的话语。⑤身体力行、实践承诺。每位学生尽自己所能，制定并坚持为父母长辈做一件自己力所能及的事（或者从自己本身出发，认真学习并严格按照小学生行为规范去做，成为合格的小学生，不让自己的父母长辈操心）。

（2）国庆节。除了传统美德文化活动，学校更注重学生的家国情怀，在重大祖国节日中开展丰富的校园文化活动，把爱国教育渗透到学生活动与生活的方方面面。学校大队部组织开展"向国旗敬礼、做一个有道德的人"网上签名寄语活动的通知精神，在国庆期间，组织全校开展"向国旗敬礼、做一个有道德的人"网上签名寄语活动，广泛开展爱国主义教育活动，推动"做一个有道德的人"主题活动深入开展。以班级为单位组织队员在网上面向国旗敬礼、签名寄语抒发感言为主要方式，留言寄语内容主题突出、健康向上，反映真情实感，表达对祖国美好祝福，热情抒发对伟大祖国繁荣昌盛、和谐富强的衷心祝愿。各班级可通过歌唱祖国歌曲、画国旗等形式，推动"做一个有道德的人"系列主题活动深入开展，对队员进行革命传统、民族团结教育，使队员从小爱祖国、爱生命、爱父母、爱社会，在平凡小事、点滴细节上培养高尚道德情操和浓厚爱国情感。

丰富多彩、思想教育性很强的课外文化活动以及校园精神，一旦作用于学生，就可以产生巨大的教育力量，对学生思想品质的形成、人格的完善、能力的培养，将起到重要的教育作用。组织和开展好校园德育文化活动，必将推进学校的内涵建设，为学校长远发展和培养高素质学生提供有力保障。

第四节　学生的道德评价

一、荣誉的评判与变革

每个人都需要被表扬、被肯定，表扬与肯定中蕴含着教育的价值取向。现在的老师也喜欢对学生进行表扬与肯定，先是小星星，再是小文具，或是先口头表扬，后是荣誉奖状。现在问题出现了，凭什么标准给小孩子小星星、发文具、口头表扬或者是发奖状？事实上，老师和多许教师在这个问题上往往显得随意而随便，长期这样"教育"下去，会导致奖状、表扬等教育手段的效果逐渐变弱直至无效。

对课堂上的口头表扬，学校要求老师要事先告知表扬的具体内容，如积极回答问题、学习专注与投入、认真完成作业、遵守课堂纪律、认真做实验等。更重要的是老师要注意表扬的力度，不能吝啬但更不能滥用。否则，会转移教育注意力，学生会为了得小星星，争取受表扬的机会，而忘记了学习的内容。怎样应用表扬才算恰当？没有具体的标准，每个老师应针对每个班级的不同情况区别对待。能获得学校的荣誉，一定是因为达到了师生都认可的某种教育标准，这种标准要大家都知晓，特别是学生都要清楚明白。比如星海小学建立了这样的学生荣誉表彰制度：一是班级各学科优秀学生的评选，表彰各科学习积极分子，优秀的学生约占20%的份额；二是各种活动中表现突出的积极分子和获奖能手的评选，不限名额，按活动或竞赛的标准选出；三是班级星海之星的评选，表彰在各个学科学习和活动中表现突出的优秀学生，这是一项综合评选，取代了传统的三好学生评选。这些荣誉的评选，在事前都要让学生参与讨论，讨论的过程正是学生认可标准和自我规约的过程。

同时，学校要求班级荣誉评定时必须找出每一个学生值得肯定的一面，哪怕是学生唯一勉强值得肯定的一面，这样做的目的就是希望教育评判，尽可能不要伤及任何一个学生。也许学校的评奖标准细则本身存在着不周全的情况，但这不重要，重要的是它要顾及每一个学生的心灵，不要对孩子产生不良的影响。为此学校要求老师要善于发现，关注每个学生值得表扬和肯定的地方，这样不仅保护学生不因评奖手段而受心理伤害，更重要的是让教师有意识地去发现、发展学生的优势和长处。在班级荣誉表彰的基础上，学校主要表彰代表学校参加各种活动的班级集体和个人，无论获奖与否，主要鼓励参与。对于在学校六年的学习生活中，获星海之星称号次数最多的学生，在毕业前夕，学校授予其"星海好少年"的称号。

批评与惩罚总是针对个别的现象，可以与相关学生私下里进行，然而表扬与肯定则要公开地、广泛地、正式地进行，为此学校每年编撰一次学校年度报告。这份报告，除了涉及学校一年的教育大事件、学校课程表、兴趣活动安排表、教师任课工作安排表、学校工作计划和总结等内容，更为重要的就是包含全校所有学生的名录，以及每位学生获得的各级各类表彰荣誉，每个学生都能得到充分的肯定与表彰。这个学校年度报告每学年向家长、学生、教师以及相关人士发布，同时还会在学校档案室被永久保存。

二、教育机会的均衡获取

教育活动的机会如何产生的？在课堂上，教师总是下意识请能帮助推动教学进程顺利进行的学生回答问题，久而久之，学生也就失去了回答问题的积极性，担心问题回答的不够完美，让老师"失望"，或者担心回答错了，让自己难堪。为了照顾课堂教学过程的流畅及教学目标的完成，学生回答问题就成了"配角"。另一方面，学生在课堂上，其实非常在意老师的给予的每一次学习的机会，比较介意老师总是把提问或回答问题的机会让给那些好学生，那些老师偏爱的学生等。当学生知道老师喜欢提问哪些学生时，他们就会觉得自己与老师提问无关，不愿意积极回答问题，甚至还会暗生怨恨，认为老师缺乏公平。怎样解决教育活动、学习活动机会均衡的问题？有教育之心，总会找到解决问题的办法，学校针对大班班额授课制出现的提问机会不均等的教育弊端，我们进行了智慧教育的 pad 班的实验，人人机会均等、及时反馈的是其突出的优势。教学策略是其次的，关键是背后的教育价值的引领，就是为了维护公平，使每个学生机会均等，呵护每个学生稚嫩的心灵。

另外，变革的另一个教育活动就是学生干部的产生。学生干部是中国传统教育里的名词，在小学其称谓有"班长""学习委员""体育委员""大队长""中队长"等，这些称谓都浸润着中华传统文化"官本位"的意识，都是带"长"字的头衔，这些职务设立的教育用意是什么？仔细思考后不难明白，学生干部或许被称为"学生辅助教育岗位""教师小助手"更恰当。因为这些岗位不仅仅是"管理"其他学生的不当行为，更重要的是当好老师的小助手，其存在的理由是让学生学习自主管理，自我教育。那么，学校就应该让学生从小摒弃当"干部"以管制、约束别人的心态，让学生明白学校设置班级管理辅助小助手就是为了班级集体，为了协助老师完成一些教育教学任务，而不是为了其他目的。因此，这些辅助岗位其实也是一种锻炼的机会，老师指派显然是不合适的，更不应以老师的偏好让学生产生"老师想让谁当就让谁当"的错觉，让学生自主自我推荐、演讲、投票来决定教育过程，或许在某些教育者看来，是那么形式和虚假，其实不然，这是让学生明白每个机会的得到，都是自己努力的结果。星海小学的学生辅助教学管理岗位，是让每个学生都有机会。只要学生主动去争取，并取得其他同学的认可，这个岗位就是他的。同理，学校运动会也应当让每个学生都有参加的机会，而不是几个拥有运动天赋的学生之间的竞技。因此，举行全员都参加的校级趣味运动会，就是很好的教育活动，如班级跳绳比赛、拔河比赛、广播操比赛、接力赛跑等，每个学生都能参加，这样的运动会才是学生喜欢的运动会。

三、奖惩手段的合理运用

教育的正向刺激除了荣誉表彰之外，还可以有更为细节的做法：

给家长寄表扬信或打电话对他的孩子的行为表示肯定；

为在活动和竞赛中有突出表现的学生，在升旗仪式上颁发证书并拍照；

为表现好或进步大的学生，在阶段班会总结上给予发言或介绍经验的奖励；

请在某方面有突出成绩的学生家长在家长会上介绍家长的经验；

允许课堂表现优秀的学生可以提前一两分钟下课去娱乐、休息；

为单项活动取得优秀表现的学生派发"特殊奖品"（可以是书签、新书）；

课堂上守纪的学生可以获得放学时做领队举班牌的机会；

学习成绩优异或有进步的学生可以获得免除假期书面作业的奖励；

阅读生活丰富、读书笔记好的学生可以有免写一次作文的奖励；

可以奖励全班同学专题教育游学活动，如聚会、看电影；

一段时间内具有良好表现的学生享有特别服务权，如负责班级早读的纪律、收发作业本、负责电教平台设备的管理；

……

相对正向刺激，学校还要加大对不当行为的处罚力度。学校秉持以下教育理念：处罚的是学生的不当行为，不是为了处罚学生本人，也不是为了处罚而处罚，而是为了学生谨记为自己的行为负责，为自己的不当行为付出相应的代价，从而控制自己的随心所欲，遵守大家公共约定的规章制度，以保障个人能融入集体生活。同时，惩罚也有利于学生个人社会化的成长，不至于性格变得孤僻乖张。学校针对违纪学生的问题行为规约处罚措施。对学生偶发的不当行为，教师可采取的处罚措施有：

取消违纪学生领取小星星的机会；

让违纪学生最后一个离开教室或最后一个放学；

根据违纪程度取消违纪学生全部或部分自由支配的某段时间；

让学生在教室内的隔离课桌里接受"暂时停课"的处罚；

让学生在一段时间内站着听课；

让学生写违纪事件的说明，以及下次再发生类似情形自己应受到的处罚；

让学生填写反省表；

到教师办公室接受"暂时停课"处罚，教师要为其布置能独立完成的学习任务；

取消某些活动的参与权；

签订行为改进协议；

通知家长参与违纪学生行为的矫正；

请家长、社区警察协助教育；

……

对于学校的有序管理，请看 302 班的管理规定：

口头警告；

二次警告；

暂时停课处罚（教室设有专门的"暂时停课"课桌，学生需要接受 5 到 10 分钟的暂时停课处罚）；

在隔壁教室接受暂时停课处罚（那里也有一张暂时停课的课桌）；

校内停课。

考虑到校情和社区的差异，学校在应用教育处罚措施时，先把相关的管理规定事先告知学生，让他们明白要为自己的不当行为接受相应的处罚。在处罚的过程中，永远要坚守的原则是：不训斥学生，不讥讽学生，对事不对人。

星海小学童年立场的道德评价手段的变革，教育者设计的教育活动是立足在学生发展的视觉精心设计这些教学活动的，会让教育过程变得轻松愉悦而自然。

第五章

星火相传

教师作为专业的教育者，面对的是学生鲜活的生命个体。每天走进教室，面对是那一双双渴望而期盼的眼睛，教师需要让他们感知的是老师的真诚、恰当的关怀，给他们以探索求知的引领，给他们以成长的欢喜，让他们懂得对自己和他人生命的尊重和敬畏等。教师作为人类千百年积淀下来的文化与经验、智识与文明的传递者，要做到的是星火相传。唯有静下心来教书，潜下心来育人，才能真正体验到教师职业的意义和乐趣。

第一节　认之以职

对教师如何认知自己的职业，又如何定位自己的职业，这对教师的发展至关重要。我们不妨听听优秀年轻教师林晓峰的心声：

还孩子一个天真

各位同事：

大家下午好！

很荣幸能有这个机会站在这和大家谈谈我的教育梦。

我的教育梦是从 2012 年开始的，在此之前，我有过很多的梦想，什么大政治家，大科学家、飞行员，但唯独没做过"教育梦"。在高考成绩出来那天，为了更好地解决毕业后的"就业问题"，我放弃了那些宏图壮志，被迫选择了"师范"，也被迫做了我的"教育梦"。

如今步入工作岗位两年，这两年我既没有成为一名合格的"班主任"，也没能成为一名优秀的"科学老师"，带领孩子们去探索那美妙的科学世界。我想我是最没有资格站在这里和大家大谈教育梦的一个人。

但是，我相信，我的这个观点，在座的各位也一定同意：不管你是怎么样的一个你，对于孩子们而言，你永远都是最优秀的老师，（我相信我们班 43 位同学至少有 40 位同学并不知道，我的数学教学水平还不及邬老师的冰山一角。）因为孩子毕竟是孩子，他们如此天真。

平时我们办公室的几位数学老师总是喜欢拿我开玩笑：林晓峰哎，不要这么拼，教得那么好当心来年再教数学咯。一针见血！我比在座的任何一名老师都渴望做专职科学老师，我也相信我要是真的摆烂一年，学校一定会以"数学教学能力差"为由，把我"遣送"做科学专职教师。

但是，这意味着什么？自私？自利？不！怕是连自私自利都不配。每每走进教室，望着你的永远是那 43 双天真而又单纯的眼神，没有什么科班出身，没有什么名师骨干，在他们心目中，你就代表了一切。"老师"——这是多么神圣的存在，手握粉笔，画下的是彩虹，留下的是泪滴；背靠黑板，上面写下的是真理，擦去的是功利。

可能你会质疑——他们哪有你说得这么天真，现在的孩子早熟，动不动就"哎呀我切""扎铁了，老心"，但是试问他们真的明白什么是扎心嘛？其实他们啥也不懂，其实他们最好骗。

上学期，由于蒋老师离职，我被迫当上了四（6）班班主任，而且还是和校长搭班，压力甚大。光每天的卫生就是摆在面前的第一大难题，前任班主任本身也是个邋遢的人，她走了以后留在教室里的两桌子试卷还是我和顾校长替她整理的。每次问他们为什么没打扫卫生，他们总有一万种理由"今天应该是他扫的，我和他换了""嗯？今天我扫地吗？我不是明天吗？"

于是，我这个新班主任上任，立的第一条规矩就是：以后那些卫生没打扫的，或者卫生打扫不干净的，都取消打扫卫生的资格。理由是：劳动如此光荣，你们不配参与到这项伟大的事业中来，以后人家打扫，你只有看和鼓掌的资格。也就是这么一条不可思议的规矩，在我们班起到奇效，之后好几次放完学后去教室，孩子已经走光了，教室却被整整齐齐打扫好。这时候，我终于意识到，那群平时嚷嚷着要玩"王者荣耀"的孩子其实是多么单纯和善良。他们尚未步入社会，没有被社会这个大染缸所污染，是我们放弃了他们的可塑性，是我们强行认为他们啥都懂，其实，并不是他们不够天真单纯，而是我们在这个浮躁的社会中忘了初心。

有时候，我也时常回忆，我的哪些小学老师们到底给我留下了什么？是那几个汉字，还是那几个公式，我想更多的是那些先入为主的信念，而这些恰恰是这个信仰缺失的社会最最宝贵的财富。

我有一位小学班主任，她带了我整整6年，没评给我一次"三好学生"，哪怕我数学考了唯一的一个满分。但是，有一个信念却深深地植入了我的心中，十几年尚未动摇，她告诉我当国歌响起的时候，不管你是谁，不管你在干吗，你都应该放下手中的事，然后面朝国旗敬礼。于是，每周升国旗的时候，向来严厉的她一动不动地保持立正姿势面对国旗，任凭我们鸦雀无声。

对啊！还有什么比"国"更重要的？没有国哪有家，一个人如果对于祖国这么点最基本的敬畏之心都没有，我们何以立足于这个社会，这个国家，乃至这个世界。

铁肩担道义，梦想指日待。初心护性灵，朝夕跃山海。让我们一起担起中华的脊梁，不辱使命，不负重托。

一、交往的自信

教师的生活当以爱开始，有爱才能读懂教育的真谛。只有鲜活的生命加上无私的爱，才能承载教育的全部意义。因此，教师要有爱的执着，无私地对待每一个鲜活的生命，以教育艺术的方式向着 STARS 教育优雅状态漫溯。教师需要浸润于书海以滋养自己的情怀，需要眷顾内心以保持心灵的美好，需要懂得创意生活的趣味，需要秉烛聆听生命的足音。只有这样，教师才能带着敏感而丰富、细腻而多情、博大而悠远的精神气象之爱，在诗意阅读、真意感悟、乐意生活中做一个智慧的教育人。教师心中有爱而乐于主动，主动而能自寻方法，有方法而能够胜任，能够胜任而乐意执着，有了执着而锻炼了意志，意志坚强而乐意坚守，有了坚守而乐意去爱，有了爱而乐意付出爱。爱是教育者的动力与源泉，只有有了爱、懂得了爱，才能谈教育。

教师的爱来自哪里？来自他高贵的品质、完整的人格、崇高的道德和充满创造力的思想，来自他与个体生命交往的欢悦，来自他对教育事业的理解和信奉，来自他在职场中自我价值的实现。陶行知说过："一切最好的教育方法，一切最好的教育艺术，都产生于教师对学生无比热爱的炙热心灵中，产生于教师的魅力中。"教师有了爱，教师的魅力与自信随之而来。

一个人的工作动力来自哪里？这是一个远比机械地提高教师的教

学技能重要得多的问题。认真教书只能把书教对，用心教书才能把书教好。用心教书，是教师应有的工作态度，工作态度决定工作成效。学校要培养更多的用心教书的教师。用心教书的教师具有"五业"的教育特征。第一特征是爱业。教师要非常热爱教育事业，如果不热爱教育事业，三心二意，肯定做不好工作。第二是敬业，教师认真工作就是敬业。他虽然没有用心工作的境界高，但远比应付着工作要强一百倍。教师只要认真工作，就能把教书育人的工作做对。第三特征是专业。教师工作需要专业精神、专业技术和专业经验，教师需要在实践的基础上，接受专门的培训加之将自己的实践领悟内化为经验、思想、素养，方能成为某一方面的专家，让某一方面成为自己的强项。第四个特征是学业。信息时代的重要特征是知识更新迅速，唯一不变的就是"万事万物都在改变"。大学毕业以后，许多知识已经无法满足现实的需要，很多技术已被更新甚至淘汰，所以作为教师，我们要不断学习新东西，这样才能掌握和传授新知。因此学业即视学习为一种终生的修业。第五特征是勤业。教师要有掌控和沟通情绪、情感的能力，教育是与人打交道的职业，亲和力和与别人沟通的能力是一种潜在的专业素养。这五种专业素养需要教师终生学习和操守，它们是教师自信工作、幸福工作、愉悦工作的基石。

二、信任的力量

教师团队是一个信念共同体，看似强大，但作为个体的教师却是弱小的，因为教师工作是个体"单兵作战"，个别的合作活动仍然是个体劳动的聚合。然而，教师又是一种"传道、授业、解惑"的工作，非口中有说、手中有为、考有分数所能考核的，他要"传承人类文化之道"，让"道"深深植入受教育者的孩子的心田。教师是一个良心职业，但仅凭内心良性的光去开发幼儿心智是不够的，他还得读懂学生，取得学生的信任，这样才能一步一步地引导他们走向光明之处。教师的一个被孩子读懂的眼神可化作孩子心中的启明灯，他就会像上紧了发条的钟摆，不停地摆动下去，追求生命的意义与欢乐，永不停歇。教师的一个被孩子接纳的拥抱，哪怕只有一次，也会给孩子带来一段欢乐甚至终生的童年记忆。教师的一个被孩子理解的话语，可能被孩子终生奉为圣旨，成为指导其人生的准则。教师的一个被孩子认可的口头禅，可能被孩子模仿千百遍，并被作为童年的编码，储存在美好的记忆中。这些都很神奇，神奇之处在于教师的拥抱比千万次的说教管用。但并不是每个教师的拥抱都那么管用，教师的灵慧素养不够，是不能很好地应用这些"非智能教育技巧"的，是不能让教育变得灵动与美丽的。如若如此，他们只是教书匠，是学生眼里那个熟悉的"陌生人"。当知识成为一种过往的时候，教师的教育力量也成了一种暂时的宣"教"，没有意义也没有力量。只有教师的爱好、兴趣、个性、性格、动机等非智能因素吸引住孩子时，孩子才能更加信任教师，教师也才可能积聚更强的教育力量，教育才可能真正发生。

三、行动的意义

很多时候小行动比大计划更重要，教师的力量体现在无数个细小的行动上，对于一个刚毕业的准教师，学校的管理者会指派指导人要他填写一份如何成为一位好教师的个人成长计划，有的还规定了成才计划的时间进度表。然而事实上，对这类教师来说，最为迫切的是如何开展即将面对的工作，而不是制定遥远的大计划。这方面星海的做法是每一位新入职的教师都要经历一次系统规范的上岗培训，才能正式开始开学工作。首先进行的是工作规范的全识教育，从工作要求到工作的程序，从怎么接家长到遇到问题选择什么途径反映，从如何应对突发事件到如何安排工作内容的前后顺序。其次是学校各部门负责人的细节培训，从教案的设计到学前家长会的召开，以及和家长交流讲话的体态，第一次家长会穿着的品位，到说话声音分贝的大小等。第三是学校文化的熏陶，从注重个人的形象，到注重团队协作；从注重学习，到注重个人价值的提升；从注重发展的机会，到懂得关注整个学校的发展趋势。从懂得爱，按程序办事到懂得用数据和逻辑说话；从尊重孩子的隐私，到从不同角度分析问题解决问题营造和谐健康的班级集体等。学校的年轻教师，因为事先接受过专业素养的培训，他们虽然年轻，但有朝气，富有理想。有的一开始就担任班主任，从早到晚处理学生的各种事务，从容而淡定地工作，让家长学生感觉不出一个新教师的困顿。学校本来就是一个充满人文关怀的地方，学校对教师系统而专业的培养非常重要，只有经过系统而专业培训的教师，在教育实践中，才会从教育的小行动、小问题、小现象中悟出珍爱生命的意义。教师这种对学生生命的关爱，乃至对生命的敏感与尊重值得每一个人敬佩。年轻教师尤棋凯在《用爱心开启学生的心灵》一文中的"敏感"与反思，警示着我们：学校是一个让每一颗心灵免于伤害的地方，我们每一个教师都有一份不可推卸的责任。

用爱心开启学生的心灵

教育就是传递爱。

——题记

小王子："每一个大人都曾是个孩子。"我们是从孩提时代走过来的人，我们懂现在的他。而孩子还没有到达我们这个年龄，他不懂现在的我们。作为老师，我们不能把自己的意志强行灌输给学生，但我们必须从小培养好孩子的学习习惯，做人做事的态度，传道授业解惑，并且传递正能量，传递真善美。

　　"尤老师，陈一巧今天校牌没带，被扣分了。"

　　"尤老师，刚刚早操下楼的时候，陈一巧用脚踢我。"

　　"尤老师，刚才课间陈一巧在教室里跑跳，还撞到了梅方泉。"

　　"尤老师，午饭时，陈一巧和张儒相在打架。"

　　"尤老师，陈一巧把水笔的墨洒到墙上，墙一片漆黑。"

　　"尤老师，陈一巧……"

　　对，这就是这篇文章的主人公——陈一巧。

　　刚接手这个班，前任班主任向我分析了班上每一位学生的大致情况，当说到陈一巧这个同学时，我感受到了老师对她的深深的无奈。她，学习基础不扎实，在学校经常惹是生非，老师大部分的时间都在和她斗智斗勇，替她解决问题。当时年轻气盛的我听了并不在意，我们不能单凭一个老师的一面之词去定义一个孩子吧，况且每个老师的教育方法也不尽相同，而小时候的我也是个顽皮的男孩子，对顽皮的孩子自然会有那么三两分同理之心，所以我相信自己有能力改变她。

　　"陈一巧，你的校牌怎么忘记带了呀？今天第一次，尤老师提醒你一次，下次可不要忘记了哈。"

　　"陈一巧，在楼梯上踢同学是多么危险的动作啊，如果不小心滚下去了怎么办？来，向同学道个歉。其他同学也要注意，不准在上下楼梯时打闹，违规者要重罚的哦。"

　　"陈一巧，今天下课时间除了上厕所，其他时间不要离开座位，把昨天的作业补补好哈。"

　　"陈一巧和张儒相个人分扣 10 分，并且写 500 字反思交给我，写不好不准回家哦。"

　　"陈一巧，双休日叫上爷爷奶奶过来把这面墙刷干净，自己闯的祸自己解决。"

"陈一巧……"

在听了一次又一次这样的报告之后，在一次次苦口婆心的教导之后，在真正见识了她制造麻烦的本领之后，我发现我此前的教育都是徒劳，难道我也没有办法改变"陈一巧"的惹事习惯，我不甘心！

我有意地改变与这位同学的交流方式和教育方法，以期发现有效的师生沟通方式。终于有一天，她期中测试语文、数学都只考了个四五十分，小组长汇报作业时，她也没完成，我气急败坏，顿时失去了耐心，终于爆发了，恶狠狠地对她说："打电话让你奶奶过来陪你补作业，不补好不准回家！"她站在原地，迟迟不肯动身。许久才抬起头怯怯地瞄了我一眼，轻轻地说"老师，我知道错了，能不能不打电话给奶奶？"。我冷笑一声，幸灾乐祸地说："怎么，现在知道怕了？回家要挨打了吧，挨了打记住了疼，以后就会写作业了。"

不久，她的爷爷骑着电瓶车到了，看着他瘦骨嶙峋的身骨架，憔悴的脸庞，我的心似乎被什么东西揪了一下。他走到了陈一巧旁边，用方言气急败坏地骂了一通，骂得上气不接下气，然后走到我身边说："尤老师，不好意思，又给你添麻烦了。"那一刻，对这位老人的同情和对孩子的怜惜，内心反而有些不安，似乎自己做错了什么。如果我能多一分耐心、多一点宽容，心平气和地去引导孩子，她是不是更容易接受呢？

事后，我静下心来把她叫到我办公室，虽然一直知道她从小跟着70多岁患有肺炎的爷爷和60多岁的奶奶生活，原本直觉是爷爷奶奶太宠爱她了才造成这样的结果，深入了解才发现她的爸爸和妈妈在她几个月的时候就离婚了，爸爸在远在千里之外的云南工作，常年不回家，妈妈也从来没有来看过她。当她说出"我恨妈妈"时，我是多么的吃惊和心疼。马卡连柯说："缺乏母爱的儿童，是有缺陷的儿童。"从小到大都没有感受过父母的爱，她的种种行为都是想引起同学的注意、老师的关心。缺乏爸爸妈妈爱的滋养，她的心理年龄是那么的小，常常做出令人咋舌、幼稚至极的事就不难理解了。

我作为她的老师，应该给予她更多的爱。首先我为平时对她的态度向她说了声抱歉，她有种受宠若惊的感觉，眼泪在眼睛里泛光。我轻轻地拍了拍肩膀告诉她"老师能理解你的感受，但是你作为一个学生，必须规范自己的行为和学习的态度。你也必须要对自己做的事情负责。"她点了点头，轻声说："尤老师，我知道的。只是有些时候我控制不住自己。"我说："没关系，只要你想改，老师都会帮助你的。我们一起加油。从今天开始，先定一个目标，坚持每天把作业完成。睡之前想一想今天我们的对话。管好自己的手，并且把自己每天做的好事坏事记录下来。"

事后，她真的按照我说的去做了，每天都把记录本拿过来我看，在我表扬了她之后，又露出羞涩的笑容，不好意思地挠挠头。当然，她还是会有小打小闹的时候，在我的一个眼神的暗示下，她又会收敛自己的行为。高尔基说："谁爱孩子，孩子就爱谁。只有爱孩子的人，她才可以教育孩子。"

人之初，性本善。每一个孩子都是特别的，单从行为上去判断对错，只能解决一时的问题，具有寻根究底才能真正感化、教育孩子。

第二节　启之以梦

飞机有导航，才能确定飞行；人生有梦想，才能更好地飞翔。

当前，中小学教师中普遍存在着职业倦怠现象。日复一日、年复一年的重复劳动，使人忘却了初始时的梦想；现行的学校人事体制、管理体制，使得一些"闲人"有了市场。教师"生活化"现象，"过一天是一天"的状态令人担忧。树立教师的职业梦想，激活每个人成长的内在活力，对教师专业成长、学校发展都发挥着巨大而深刻的影响。

一、以梦想开启梦想

校长是师者之师，一校之"魂"。一个有梦想的校长，会用心规划学校的未来，预设学校发展的各项行动计划，并把每一项工作巧妙地分解成学校每天的工作，转化为教师的具体行动。他还会用自己的激情去激发教师的热情，以梦启梦，关注教师的发展。发现教师发展中的闪光点，捕捉梦想的触发点，开启教师职业梦想之门。

有一些校长片面地认为，"管理管理，你管，他才理""管理就是管人、管钱、管物"，更有甚者，挥舞着严格管理的狼牙棒，乍看上去教师服服帖帖，实质主动性和创造性抹杀殆尽。其实，作为校长，应该做教师的精神教练，而不是当凶巴巴的管人之"官"。

一个真正高明的、有远见的教育管理者，一个真正有教育情怀的教育管理者，他在抓日常工作秩序、完成起码的工作目标的同时，会把工作的重点放在引领教师尽快树立起自己的教育理念上。正所谓"慧眼识英雄"，好的教师需要校长的发现与培养的，每一个不同年龄段的教师再发展也需要校长的引领。培育一个优秀的教师群体，是学校工作的头等大事。

在我的亲身经历中曾经就有这样一位校长。因为我上了一堂非常成功的县级公开课，他就敏锐地捕捉到这个梦想的触发点，积极介入，鼓励我做案例、写论文、搞课题，一步步地用教师的专业发展与自我期待引领着我，使我最终成为一个名教师、校长。可以这么说，我的成功就是起始于那位校长的发现和激励，在圆梦的过程中走上了自己职业发展的高速路。

所以有人说校园就是由校长带领教师、学生一起追梦的地方。我也常常像那位校长一样尽可能地走近教师，走进他们的课堂，走进他们的心灵。努力让每一次教师培训，让老师们心情激荡、拒绝平庸；每一次教学点评，让老师们叩击灵魂、思维碰撞；每一次文化活动，让老师们享受愉悦、夙兴夜寐；每一次检测评估，让老师们锲而不舍、诲人不倦。十多年来，我笔耕不辍，发表了《浅谈作文教学起步训练》等 20 余篇教育教学论文。可见，要点燃教师的梦想，校长必须要以身示范，做精神领袖，为教师开启职业梦想之门。

二、以温情唤醒温情

一个好校长，就是一所好学校。教师是学校的主人，学校的一切工作都离不开教师的努力。作为校长，不能仅靠权力影响力去抓工作，而应该用人文关怀来凝聚人心，充分调动教职工的主观能动性，从而更好更快地推动学校各项工作的开展。

这种人文关怀应如"文火"慢炖，融于教职工生活、工作中的点滴，无痕渗透。这不仅需要校长有一颗敏锐关注的心，时时刻刻把教师的需要放在心上，更需要一份关怀无痕的智慧。因此，每到一所学校，我总是敞开心扉，倾听教师的心声。哪家的父母亲人患病住院，哪家的生活遭遇困难，哪家的至亲红白喜事，我总是带着工会主席前往慰问，为教职工排忧解难，给他们精神支撑；平时也常常留意关注教职工的工作、学习、思想变化，处处为他们着想，切实解决教职工的生活问题，实现"安居乐业"，使学校充满浓浓的人情味。

中国传统的文化有"士为知己者死"的古训，教师作为一个知识分子群体，这种知恩图报的心理尤为明显。校长心中装着教师，那教师的心中自然装着校长、装着学生、装着学校，安心地教书育人。在很多时候，知识分子的书生意气，还是有着一种"金杯银杯不如家长的口碑"的被尊重的情结，而校长真诚的关怀，无疑是凝聚人心、焕发教师教育热情的重要因素。

学校的发展，不仅需要发展的教师，而且需要无数教师的智慧以及由这些智慧构成的发展合力。一个智慧的校长，一定要让教师内心里有一种归属感，一种主人翁意识。只有让教师成为学校的主人，让老师们体验到教育的美好，使得他们"不用扬鞭自奋蹄"，才能促使发展合力的产生，才能促使学校发展。

三、以阳光营造阳光

如果说学校就是个磁场，一所好的学校必然是一个好的"文化场"，它能通过"场"的引力凝聚智慧，通过"场"的势能约束行为，通过"场"的辐射激励师生，通过"场"的影响促进师生发展。校长要树立以人为本的管理理念，为教师逐梦营造积极阳光的环境"场"。

2013年9月，星海小学刚刚开办，当时仅有14个班32名教师，但我认为，他们是学校发展的源泉，只要把他们发展好了，形成了一个以"正"治校、以"正"治教的教育"场"，那么之后走进星海的教师就会潜移默化地受到熏染。

我们有个教师是从城区邻近一个城区学校交流过来的，刚来的时候很不适应我们的工作节奏和职位标准，工作比较懒散。当看到身边的老师个个有绝活、天天马不停蹄地拼命工作时，她也开始认认真真研究她的专业，怎样带专业队。她早出晚归，暑假不计报酬训练学生，最终在县里的比赛中取得了突破性的好成绩。县教研室小学部主任和教研员对我说："你们学校是教师成长的大熔炉，再弱的教师到你们那里都会奋进的。"

几年下来，学校已扩大到 40 多个班 1800 多名学生和 100 多名教师，一批批陆续走进星海小学的教师在这种"我的工作我负责，我的工作请放心""为自己的履历工作，为学生的未来播种"的学校"场"、教师"场"的无声陶冶下，为学校赢得了各级各类教育教学比赛荣誉。学校也因他们荣获"智慧教育示范学校""课改样本学校"等称号。我想，正是这种无声无言的强大"磁场"力量，感召着每一位教师奋力前行。

一位知名校长曾这样说，校长要把营造氛围当作一项伟大的工程来经营，用温情和智慧编织一张和谐温馨奋进的人际关系网，让教师感到安心、舒心和用心。所以，人本化管理的最高境界就是"心本"管理，经营人心，经营人际关系，为教师逐梦营造积极健康的环境"场"。

第三节　行之有规

俗话说，"没有规矩，不成方圆"，任何管理的基础都在于规章制度。但是，规章制度多了，对人的束缚感过强的话，反而会引起人本能的抵触、逆反情绪。因此，要管得少，又管得好，关键在于行之有效、"简明扼要"的规章制度。建章立制明显的好处，就是将复杂问题简单化，将简单问题标准化、程序化，减少例外事件，从而做到

"闲"而有效。

一、明制度，行有规范

我们要善于以规范教师的职业行为，为教师圆梦提供有力的保障。凡是符合教师职业行为规范所规定的，都应当是教师规范的职业行为。那么反之呢？若干年前一件发生在温岭一位幼儿教师的虐童案，至今让人记忆犹新。我们在震惊愤慨之余，是否需要反思：这样的事情，有没有可能发生在我们身边呢？校长应该怎样防微杜渐，把教师不良的甚至是错误的职业行为扼杀在萌芽状态？校长需要经常向教师敲敲警钟：哪些事可为，哪些事不可为，哪些绝对是高压线，碰也不能去碰的。

教师的职业素养，除了应具有坚实的学科基础外，更重要的则在于学科之外的教师职业价值取向和教师职业道德素养。因此，我们有必要把教师职业精神培育、价值取向建构作为重中之重，以此为教师圆梦提供精神支撑和思想保障。

科学发展观告诉我们：外在约束是基础，内在激励是升华，因为激励才会使人发挥出更多的潜力，才能将严格的规章制度内化为教师的自觉行动，才能实现自我超越。因此，我们制定的规章制度，都是老师们"跳一跳，够得着"的，是老师们从内心里乐于接受、敢于担当的职责，所以，有效地促进了制度的贯彻落实。这样，既保证了教师行为的规范，又不影响教师思想的天马行空，确保老师们"言行有规"而"思想无疆"。

二、学法规，坚持操守

由外在要求的驱动和自主发展的需要转化而来的内在动力，往往对人的发展起到无可替代的推动作用。在教师专业成长的过程中，强大的内在动力通常表现为恪守职业道德的精神。每年秋季开学前，学校都会组织全校教师，阅读《中小学教师职业道德》和学校各项规章制度，而且是"过三关"式的深度学习。第一步是"知会"，以考促学，以考评学；第二步是"知行结合"，每位老师结合个人的教育实践，述体会，谈理解，说行动，下保证；第三步是"实践性认同"，共同把《中小学教师职业道德》和学校的各项规章制度作为从教的职业底线。立足本职、满怀热情、严细认真、求实务本、不摆架子，不做表面文章，成为全体教师践行"立德树人"职责的应有风范。

三、读经典，形成素养

文化是内在于心的价值观念、思维模式、行为方式，以无形的力量规约人的行为和引导人的发展。积极向上、创新进取的教师行为文化，能够促进教师自警自省、自尊自重。教师"星星读我心"朗读者活动就会在充满书香的教工之家每月举行一次，每次总有五六位老师带来他们的阅读分享。他们读《平凡的世界》《活着》《好好说话》等文学类作品，读教育名著《薛瑞平班级日记》《静悄悄的革命》《与大数据同行》等，读后进行分享会。在边读边做中，对教育教学进行全新的理解和认识，文化的自觉时时涌动。

营造正确的舆论氛围，让不规范的职业行为永无藏身之处。从而，保证教师在圆梦的道路上少走弯路，阔步前行。

第四节　学之有法

当前，世界各国都非常关注和重视教师的专业发展水平。现代化的教育发展离不开教师的专业发展，教师的素质和能力往往决定一个人、一个学校，乃至一个国家的未来。如今，一些教师的专业水平已经不能满足素质教育的要求，提高教师的专业水平势在必行。教师要有良好的师德，有过硬的本领，才能满足现代化的教育需求，才能使教师具有较高的社会地位，才能更好地教书育人。

一、厘清教师素质结构

《中小学教师专业标准》中提出，教师素质结构主要是由专业理念与师德、专业知识、专业能力等要素组成。"师德"是教师素质的核心，在从事教育活动中必须遵守的道德规范和行为准则，以及与之相适应的道德观念、情操和品质。专业知识和专业技能即"师能"，是教师专业素质内部一体两翼的支持保障系统，是教师胜任教育教学工作的基本条件。专业理念是核心灵魂，即为"师魂"。是教师从事教育教学工作的导向和动力系统，决定和支配其他系统的工作状态和工作质量。师德、师能、师魂是一个三位一体的动态发展的结构，各部分不是孤立地存在或简单地相加或机械地结合在一起，而是彼此联系相互影响、制约、渗透的有机统一整体。

学校要针对教师专业发展的素质结构要求，构建与之相适应的校本培养模式，从师德、师能、师魂三方互构助推教师的专业化发展。

二、搭建教师成长平台

平台一：四级网状研训管理模式，为教师专业发展提供强大的团队支持。

这个模式最大的特点就是把校本研训的管理过程纳入教育教学日常的过程管理之中，使两者合二为一。它最大的亮点就在于学科中心

组的设立，这支队伍对上
是学校着力要打造的精英
教师，对下则是教师基层
组织——教研组的指导者
和引领者。从而实现引领
一批教师、塑造一个团队
的目标。

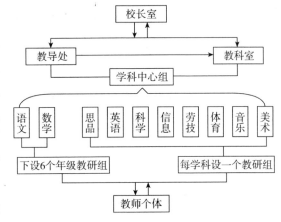

平台二：四三循环联
动机制，促进教师有差异地发展。四是指不同层级的教师，形成的四
个梯队：

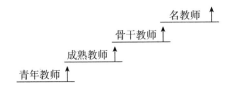

三是指教育科研的三个过程：

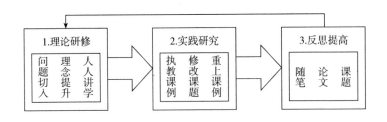

这个机制就是让不同层级的教师选择不同类型的课题做研究，而
上一层级的教师要指导和带动下一层级的教师做课题做研究。科研兴
师，让每个教师都能在不同的起点上，向高一层级发展。从而实现自
我飞跃，享受成功的快乐。因为，只有不断地成功才会有不竭的动力

去追寻更大的梦想。

三、重视青年教师培养

青年教师是学校教师队伍的一个重要组成部分，是教育事业发展的希望，是学校可持续发展的后备力量。青年教师的整体素质直接关系到整个教师队伍的质量，是关乎学校发展的未来、关乎学校的生存和发展的关键所在。青年教师将承担起学校发展和适应教育教学改革的重任，必须获得持续、快速地成长。因此，探索青年教师培养模式，促进青年教师健康快速成长是学校工作的重要一环。

（一）借智于各地各路高层专家

一是力邀省市县学科教研员或教育教研专家到校，与青年老师面对面、手把手指导。二是聘请退休学科专家担任青年教师的教学顾问。教育专家传递给他们的不仅是学科教学规范，更有追求卓越的专业精神，和对学生发自心底的关爱。三是充分利用本校优秀教师资源，组织青年教师积极参加选拔加入学校各个名师工作室。四是走出去拜师学艺、现场考察、观摩名校以及参加各级各类的优质课观摩评比。老师们白天听课，晚上反思听专家指导，开展小组研讨，对名师坚守、坚持、坚定的职业态度和专业情怀有了真切感受，进一步明晰了仰望星空的方向和脚踏实地的方式方法。

（二）借助于"五段嵌入式"专题研修

"五段嵌入式"专题研修有目标规划、针对性强、与日常教学融合在一起，并不断改进日常行为的个性化研修，五个阶段推进。第一阶段，评定教师初始质量，建立教师质量初始水平指数，为确定教师专业发展提供科学依据。第二阶段，组建高相似度专业发展研究小组，共同聚焦专业弱项，为提升专业发展研究提供组织基础。第三阶段，私人定制化的教师成长三年规划。第四阶段，组织实施阶段，指导教师进行嵌入日常教学的专业修炼，启动教师进步台阶。第五阶段，给教师质量提供阶段性评估，通过提供阶段性评估环节，让教师看到自己努力获得的成果，激励他们进入高一层次的专业发展阶段。

（三）借势于国家课程标准解构

在学校三级课程体系建构和实施中，国家课程是根本、是基础。国家课程的实施必须基于课程标准。青年教师对课程标准基本没什么认识，大多数教师仅仅停留在字面意义上。鉴于此，学校每学期开学前都要组织青年教师课标闭卷考试。随着认识与实践的深入，在专家的专业指导下，学校启动课标解构探究实践，引导青年教师把学科课程标准结构细化为三个梯度的目标，第一梯度具体到每册书，第二个梯度具体到每个单元，第三个梯度具体到每个课题。要求青年教师都能认真落实基于国家课程标准的学科教学，准确把握学科特点和学科学习规律，在教学实践中努力实现学科三维目标的高度融合。培育课程意识，练就教学品质。

（四）借力于案例研究平台

优秀的教师必须是一个研究者，教师的发展必须植根于课堂研究，并结合教学实践，改进自己的教学行为。只有这样，才能提高课程教学素质，提升教学境界，形成自己独特的教学风格。

学校在充分论证的基础上，引领青年教师将教师研究与课程实践、与日常的校本教研活动相结合，融学习、教学、研究于一体，借助自我反思、同伴互助、专业引领，形成支持青年教师专业发展的工作机制。青年教师与研究者，青年教师与教师之间跨越各自的边界，关注问题，互相倾听，实现智慧共享。强化行为跟进的全过程反思，将老师的学习、实践、研究，重点关注自我特点，寻求专业支持。请求优秀教师和自己合作备课，再回到课堂观察，接受优秀教师的诊断指导，这种行为跟进式的全过程反思，使得青年教师学习、实践与研究的理性深度及成就感愈加凸显。

教师的职业，我一直认为有三种境界：生存、责任、幸福。随着党和国家在提高教师地位、待遇上不断加大力度，教师过上充实而美好的生活将不再是一种奢望。承担传播知识、传播思想、传播真理的历史使命，肩负塑造灵魂、塑造生命、塑造人才的时代重任，教师的责任意识在当下尤为重要。在此基础上，校长需要进一步引领教师意识到，职业幸福才是教师精神世界的核心，享受教师职业的幸福，享受立德树人的快乐，幸福是在日常教育教学工作的点滴之中"奋斗出来的"。

每个人心中都需要有一盏永不熄灭的灯塔。我相信不管是谁，只要有了理想信念，有了梦想，就能自我觉醒，就能灿烂辉煌。有了"星火"精神，点燃星火，就能照亮希望；点燃一个星火，就能照亮一批教师。

新教育创导者朱永新教授说："优秀的教师要永远伴随着自己的梦想。当生活没有梦时，生命的意义完结了，教育也就没有了意义。"让我们带领教师用职业梦想充实自己的生命，在实现我们小小的教育梦的同时，成就大大的中华民族复兴之梦。

第六章

星光灿烂

"凡物莫不相异"世界上的一切东西都没有一个是绝对相同的，更何况一个个具有鲜活生命的学生。每一个孩子都是独特的个体，不同的孩子当然不能用相同的方式做评价。教育评价具有重要的导向和激励功能，是深化教育改革的关键环节。如何评价学生，将直接关系到学生发展。"多元智能理论"告诉我们人的智能是多元的，只有多元评价，才能更好地引导和促进孩子的发展，从而成就不同的孩子。让孩子们在多元评价中找寻自我并且成就自我，绽放出耀眼的星光，在广袤的星空里展现一片灿烂！

第一节　评价的目标指向

"圣人处无为之事，行不言之教，万物作焉而不辞"，圣人用无为的观念对待世事，用不言的方式实现身教：听任万物自然兴起而不干预，让各自在所处的环境里自由的生长，才有可能绽放花香。那么，随着时代的发展和文明的递进，人的发展也将越来越多地受到积极的多因素影响，如果说教育本身不能为人的发展做出决定性的有力助推，那么，至少可以更多地回归人成长的本来规律与准则。多元评价，就是要让孩子在多元评价环境中寻找并成就自我。其主要的内涵有四个方面：一是做一个健康阳光的"善人"；二是感受被身边人的关注；三是与同伴的新型关系；四是认知自我寻找发展，找到自己的兴趣与优势并成就自己。

一、身心指向：做一个阳光健康的"善人"

西方教育一直将人的健康教育放在非常重要的位置，他们认为人的健康与生命是第一位的。不仅如此，他们还把人的文明、向上、向善，即我们常说的人的修为摆在了很高的位置。我们觉得这是对人的一种本质认知，是非常值得传承和借鉴学习的。我国从 20 世纪 90 年代初，逐渐形成了这样的共识与认同。多元评价中对学生健康的体魄、生命的意识以及德行修养，提出了明晰的标准，我们试图让学生懂得，只有让自己拥有健康的体魄，怀抱对生命的敬畏，才可能去善待自然，宽待他人，才能拥有一颗感恩的心，去开创属于自己的美好未来。积极地、阳光地看待周围的事物，对形成学生良好的生活成长心态，有着非常重要的意义。

二、需要指向：感受被身边的人关注

孩子的成长无疑需要沃土，而这沃土中的一个要素就是内心美好的感受，感受到身边人对自己的关注，是幸福的也是真实的，可以让孩子体验到自己的存在，并且逐渐让自己更好地存在于社会关系中。多元评价充分关注到学生的方方面面，使学生时时刻刻都在关注中感受到老师与伙伴的爱和支持，信任与欣赏。与此同时，关注是相互的，则爱与支持也一定相互给予。

三、社会指向：建立新型同伴关系

过往的评价太过残酷与直白，也有些冷漠与孤立，这样的评价理念与方式，势必给学生的人际关系带来不可避免的矛盾与冲突，直接影响了伙伴的关系和学习环境的建构。多元评价中充分调和并使之确立正向的、融合的并且可以持续共赢的新型伙伴关系。学生在多元评价体系中，会感受到它的存在对于其他伙伴而言是一种需要。使学生看到了各自的优势与长处，并同时也能够充分了解与欣赏别人的优点与精彩，在相互包容与协同成长的路上相互帮助彼此帮扶。同伴新型关系的确立，改变了以往生硬的、冰冷的以及隐藏冲突隐患的学习关系与成长环境。

四、价值取向：认知自我寻求发展

现代教育观念，认为教育是唤醒人的求知欲，是唤醒人对生活生命的热爱。而唤醒的其中一个含义便是人对自己的认知，了解自己，清楚自己各个方面所具备的条件与已有的知识学习等，更重要的是让学生清楚地知道自己的兴趣所向，优势所在。多元评价过程中，呈现给学生的评价是多样的而且是丰富的，学生可以在被评价的过程中鲜明地认识到自己的现状，其中最突出的便是学生个体自己所拥有的长处和真正的喜好。在此基础上，学生可以根据自己的实际，制定适合自己成长的路径和方式，并持之以恒地成就自己，做最好的自己。这样的人生成长，才有现实意义和人文意义。

在多元评价环境里，让学生能够满怀生命的敬意与善意，拥有积极阳光的心态，感受到爱与被爱的深刻体验，在新型同伴关系的孕育下，认知自我，发现兴趣优势，并付诸行动，成就最好的自己，这便

STARS 教育学生评价的最终目标。

第二节 评价的原则坚守

一、全面评价：让评价更具引领性、普遍性和完整性

全面评价是教育评价衡量标准中的其中一个要素，是指向评价对象有一个完整的认识、判断和鉴定。评价是否全面对于学生的发展而言相当重要，尤其是对未成年的儿童来说，片面的、孤立的评价都会给学生带来十分重要的影响。严重的甚至会错误地引导学生认知自我，从而走偏发展方向，使孩子个体成长的路径显得十分的尴尬与坎坷。所以学生的评价务必是全面的和完整的，在学生成长过程中的各个方面都需要有评价。

时间上，时时有引领；空间上，处处有评价。学生在校的每一个时间段，教师的陪伴让评价成为可能，教师与同伴都会给出相应的评价。如晨间的经典诵读时间，教师会有及时的评价，课堂中有适时的评价，活动中有评价；每一天教师都会在学生的成长手册上进行一天学习活动的点评式评价等。班级画展有专门的参观签名册评价，班班有歌声，有评比等级。专题研究活动当中有活动手册进行评价等。

人人有评价，在学习中每一个人都会得到教师和同学的关注，每一个人都有属于自己的课堂观察记录单，人手一册的《小星星成长手册》等。面面有评价，有学则评，有行有评，让评价伴随着孩子如影相随。学生的评价体系中分别有课程学习的评价、综合能力的评价和道德认识与实践的评价。无论是学业学习还是行为活动，STARS 教育的学生评价，可以说渗透到了学生成长的方方面面，在整个学期或学

年的学习过程中，学生将会不定期地拿到来自各个方面、各个老师、各个学校部门即时性的、阶段性的、单向性的、综合的、定量的、定性的评价单或评价呈现媒介。而且数目较多，类型丰富，也只有这样学生才能在多元的评价中完成自我的全面认知，明确自己的发展状况，从而找到发展的方向，成就自己的理想。

二、分类评价：让评价更具科学性、针对性和人文性

STARS 教育的学生评价坚持分类评价，让评价更具有科学性、针对性和人文性。众所周知，用一种评价的方式，去解决所有课程或者所有学习活动的评价，是极不科学，而且是不负责任的。只有依据不同课程类型、不同学习活动内容、不同学习方式、不同学习对象、不同学习环境来设计出合适的评价方式，才有可能让评价真正发挥其具有的基本功能，才能切实地为学生的成长提供支持和保障。星海的学生评价采用了分类评价的原则，不同类型课程的学习有不同的评价方式和途径，不同的学习活动有不同的评价方式，不同的年段不同的对象有不同的评价手段，不同的学习环境和基础有量身定制的评价标准。如课程学习评价中，分为学科课程的评价、专题活动课程的评价和社团活动课程的评价。其中在学科课程评价的方式中有阶段性评价、免试生评价；综合能力方面有研究性学习的评价方式；道德认识和实践方面又分为道德认识、道德行为和综合实践，分别由《小星星成长手册》评价、成长档案袋评价、荣誉评定等方式组成。

分课程评价、分成长要素评价、分时间与空间的评价、分类评价等让评价更具科学性，可以根据类型的不同进行私人定制式的评价方式设计。这样的设计无疑更有针对性和人文色彩。分类评价，改变了以往评价方式的单一性、一刀切的现状，让评价真正走进学生的学习

与生活，更贴近学生的成长。

三、多维评价：让评价更具适切性、个别性和立体感

传统评价手段与方式存在着严重的弊端，同时，过于注重知识、技能指向的甄别与选拔，忽视了人个体的生命学习属性，以至于造成了学习成长和评价评估极为不协调的关系，影响了人的最优发展。就因为人的特殊性，所以对于人的评价也必将是特殊的，应该是更为多维地去评价一个学生，评价内容应该更为丰富，评价的主体应为更为多样，评价的方式应该更为灵活，评价的标准应该更为合理，尤其是对人的评价的个性化，是当今教育评价发展的一个热点和重点。

其次，在评价的类型上，应该是类型多样，互相补充，呈现出多维的评价类型，以满足学生发展的需要。如依据评价标准，将相对评价、绝对评价和个体差异评价相结合，常模参照评价和标准参照评价相结合；依据评价的功能，将诊断性评价、形成性评价和终结性评价相结合；依据评价对象的范畴，将整体评价和单项评价相结合，群体评价和个体评价相结合；根据评价主体的身份，将自我评价与他人评价相结合；依据是否采用数字数学方式，将量化评价和非量化相结合。多维的评价，让学生个性得到充分张扬，让学生在多维的评价体系中得以寻觅自己，认识自己，最终激励自己，获得最好的成长。

四、隐秘评价：让评价更具安全性、私密性和人性化

隐秘评价指的是教师根据学生年龄特点、心理状况，以及个性趋向进行必要的权衡，为保护学生个体的自尊心与学习动力而采取的对某些评价结果进行私人单向交互的一种评价方式。保护学生的人格尊严，让学生始终置于安全支持性的学生群体中，并在原来基础上得到

最充分的正向进步。

　　隐私在发达国家被放在非常重要的位置，隐私和人的发展之间也存在着紧密的联系，尊重并适当的保护隐私，有利于人的自由发展。有利于学生人际关系的相对稳定和安全，不仅维护学生个人的安宁和安全感，也实现了学生个体与班级群体的基本和谐，从而保障学生有更多的精力去专注学习和提升。

　　尊重隐私是现代文明的一种生存艺术，与此同时也意味着对他人的尊重。学生哪些信息可以视为隐私，人们众说纷纭，至今未有标准与定论。但对学习的尊重是必须具备的，设身处地地为学生着想，从学生自身的角度出发，去选择适合的评价方式与呈现方式方法，是我们教师或者任何一个评价者必须思考的问题。星海 STARS 教育学生评价已经在隐秘评价以及评价结果的呈现与反馈方式上，做出了有益的实践探索。学校根据小学生的年龄特点和心理特点，制定了某些评价内容的结果和反馈制度。在内容和形式上，做出了比较慎重和理性的思考，如导师制的评价反馈，就有一个学生一位导师在相对安静的场所进行评价，以及评价后的独立交流互动，指出不足，提出建议，为教师与学生的深度交流提供了可能。保护了学生的自尊心，满足了学生心理安全的需要。又如"个别家长访谈"制度，每学期末教师根据学生评价情况，选择一部分家长进行一对一的评价反馈，教师在学生的《小星星成长手册》《学生阶段学习反馈》上的留言均为一对一私人所有，严格意义上说也是隐秘评价的一种方式。教师所写的留言本上，只是给当事学生看的，意在单独交流，学生有权利保护自己的交流内容不予分享，达到了教师与学生个人之间的密会，从而让学生与教师形成一种有意义的默契，这种默契的形成，也正是教师与学生新型关系建立的基础与雏形。隐秘评价的内容一般包括学生的身体伤残、心理问题、家庭问题以及教师认为学生非常在意又无法在公众环境下接受的信息内容。诸如此类，这一系列的评价方式、呈现方法、反馈制度和公布制度，充满了人文关怀，极具人性化。

第三节 评价的模式架构

一、多元评价的模式

学生评价的模式，世界上具有代表性的评价模式有两种，一种是泰勒模式，他以目标为中心和依据进行教育评价。另一种是 1966 年斯塔菲比姆首创的 CIPP 评价模式，由背景（context）评价、输入（input）评价、过程（process）评价和成果（product）评价，这四种评价组合在一起的综合评价模式。需要指出的是，STARS 教育学生评价的目标并非评价的指标，它是一种描述性的、指向性的、非静态可测的预期目标。从这个意义上讲，我们更倾向于应用关注到学生个体成长并使之更有增量的 CIPP 的评价模式，由学生的学习成长过程结合预期目标形成的具有个性特点的评价方式，将目标为中心和依据的评价模式与 CIPP，评价模式互为结合，形成综合素质评价。

二、评价体系的基本架构

根据学校的多元评价理念以及评价所指向的最终目标，STARS 教育学生的评价体系与基本架构主要有评价领域、项目和分类、评价方式及特点所组成。根据三大领域的评价项目以及分类，我们有针对性地设计了不同类型的评价方式与途径，试图对学生完成比较全面的、立体的、具体的而且具有发展性的评价。各类评价方式及途径之间既有独立又有融合，在功能和价值方面具有极强的互补性和结构性，但又各具特色，相得益彰。评价体系的基本架构如下：

STARS 教育学生评价架构图

	评价领域	评价项目与分类	评价方式	特点	使用情况
学生多元评价	学识指向的课程学习评价	学科课程评价	笔试成绩报告单评语	知识技能化，数据呈现结果，描述性简要点评	是
			阶段评价	周期性，小结反思性	是
			免试生评价	过程性，激励性	是
		专题活动课程评价	日志手册评价	过程性，综合性	是
		社团活动课程评价	成果展示评价	展示性，自主性，激励性	是
			特长生报评价	自主性，拓展性	是
	能力指向的综合应用评价	综合应用评价	研究性学习的等级评价	任务驱动、问题解决，情境设计、合作探究、动态学习、开放多维	是
	德行指向的道德认识与道德实践评价	道德认识道德行为综合实践	小星星成长手册评价	经历性、交互性	是
			学生成长档案袋评价	直观性、成长性、纪念性	是
			荣誉评选，奖励评价	荣誉感、激励性	是
			志愿者积分评价	社会性、规划性、量化	是

第四节 评价的操作方式

一、学识指向的课程学习评价

(一) 学科课程评价：笔试、成绩报告单与描述性评价

笔试是一种与面试相对应的测试，是考核学生学识水平的重要工具，是传统评价方式中的重要形式。这种方式可以有效地测量学生的基本知识、基本技能、综合分析能力和文字表达能力等素质及能力的差异，评分公正、抽样较广、基本免除模棱两可及取巧的答案，可以测出学生的记忆力，试卷易评阅。但它也有缺点：不能测出学生的推理能力、创造力及文字组织能力，试题不易编制，答案可以猜测，有时甚至可以用"蒙"的方式来碰运气；还主要表现在不能全面地考察学生的学习态度、学习过程、品德修养、情感以及组织管理能力、口头表达能力和操作技能等。在 STARS 课程的学科课程评价方式中，笔试也占据了相当重要的位置。在呈现方式上，学科课程主要以"成绩报告单"的形式进行反馈。但是其中反馈的内容又超出了笔试的评价内容范围，还囊括了身体素质、教师的描述性指导语等，如语文、数学、科学、英语等国家课程，主要由这类方式完成主体的评价。

(二) 学科课程评价：阶段性评价

阶段性评价指的是学生在完成一个单元或一个阶段学习结束后，学科教师从"课堂表现、作业情况、单元测试、课外阅读……"等几个方面进行评价，并向学生和家长进行具体的反馈。这是贯穿全学期的阶段学情反馈，通过阶段评价反馈，教师引导学生进行学习过程管理，学生学会自主学习管理。

课堂表现方面做出评价，主要是有两个指标，倾听与发言。对课堂表现，我们即使没有对学生课堂思维状态做怎样的描述，但我们一定可以从外显的倾听状态和发言状况去推断学生在课堂学习当中的状态。我们老师只有密切关注每一个学生，才有可能做出准确的评价与反馈。除此之外，我们还可以对学生的作业情况做出具体的评价与反馈，对单元测试的情况做出简要评价与反馈，让学生清楚目前的学习状态处于班级何种程度与位置，明确自己的努力方向。阶段的学习回顾、小结和评价反馈，为学生的学习和认知提供的数据和比较客观的陈述，为今后的学习规划提供了值得信赖的依据。

（三）学科课程评价：免试生评价

免试生评价指的是学生在基于阶段学情反馈信息收集的基础上，达到《免试生标准》的学生期末免试的评价方式。学生在期末和期末测试期间参加学科融合的免试生研究性课程学习。在班级学生群体中，学生的学业发展水平基本呈正态分布，一定有一些学有余力的孩子不需要经历通过考试这样的方式进行重复性的无效活动。这些免试生在其他学生进行为期约两周的复习阶段，参加学校为免试生特别研发的"免试生课程"学习，内容有"小主题"课程和"大主题"课程组成，学习的时间分别是两课时、半天或一天、甚至一周，采用过程性方式进行学习评价。

（四）专题活动课程的评价：日志手册评价

日志手册评价是我们为专题活动课程量身定制的独特评价方式。日志手册评价指的是学生在参与专题活动课程中，以物化的一本手册作为评价的呈现媒介进行过程性和综合性相结合的评价。在课程学习活动中及时进行过程性评价，综合考量学生的学习能力。以"小星星艺术节"这一专题活动课程为例。艺术专题活动课程的时间为一周，全校学生全部参与艺术专题的集中研学。每一个学生都会拿到一本《小星星艺术节学生活动评价手册》，手册内容丰富，信息量大，共12项16页。日志手册是一本专题课程的缩影，清晰地告诉学生，每天需要到哪个场所学习什么内容，不同的内容又要到哪里上课？全校实行专题走班的教学方式，学生采用走班学习的方式。参加艺术节以后完成评价反馈，内容有：按时到达指定地点参加专项活动，因此会牢记我的活动时间、地点在哪里？我应当做好哪些准备工作？经过我的努力取得的成果有哪些？在艺术节结束以后，我将在两项活动中选择一项我最得意的成果和大家分享，我和我的团队准备和大家分享的成果是什么？最后我们分享得到了班级几位同学的支持，同伴进行评价。将多元评价的理念和基本要素完全融合在日志手册评价方式中。无独有偶，学生参加书画展览中，也需要做出这样的评价和反馈。由此学生在一周的课程学习时间内，完成了本次艺术专题研修活动课程的评价。

（五）社团活动课程的评价：成果展示评价

成果展示评价指的是学生在社团活动课程的学习中，以个人学习成果展览的方式进行评价。为学生搭建各类平台，展示学习研究成果，让老师、同学、同伴来点评欣赏自己的成果作品，在成功中培养学生的毅力，激励自己，增强信心。如书法、绘画、纸艺、创客、民族舞等社团的学生，以自己的个人作品展览、表演作为一种评价形式，科学创新、文学社等社团学生以自己研究的小论文、原创诗文展览来呈现学习成果。还有艺术类选修社团的学生开个人演唱会、举办个人画展等。

（六）社团活动课程的评价：特长生申报评价

特长生申报评价指的是学生在已有社团课程学习的基础上，可以自主申报其他自身认为拥有的特长项目，作为评价的一种补充。学生的优势多种多样，学生个体而言特长也不止一项，除社团外的特长可以申报并写入成绩册，鼓励学生广泛发展特长。如文学社团的学生，在评价过程中还可以自主申报另外的特长"小提琴"，虽然这个项目不在学校学，由校外家长聘请老师教授练习的，但依然是学生的一个特长项目。所以学生可以申报该特长，在评价表上自主填写，电脑平台上自动会生成有水平、有毅力的评价，还有老师的描述性评价。

二、能力指向的综合应用测试评价

能力指向的综合应用评价主要是考核学生运用各类学科知识、技能，结合自己的情感价值观、偏好的学习方式个性化地解决问题的能力，所以问题所涉及的学科是联动综合的，还知识于真实的现实情境当中，这是一种真实的生活学习，也是真实的评价，让学生觉得学习是有趣的，学习最终是需要在解决问题的过程当中不断地发展提升自己。而在能力指向的综合应用评价中，我们主要采取的形式是研究性学习为媒介的等级评价。研究性学习的等级评价指的是通过研究性学习作为基本媒介，学生在研究解决问题的过程中，由教师给出一个评价等级。研究性学习的问题与内容设计，由学校课程和评价部门联合设计制定的。这样的评价主要有以下三个方面的特点：一是任务驱动为理念，问题解决为途径。在任务驱动理念的指导下，依据学生的年龄及认知特点，为其量身定制问题任务，如一年级的超市购物，二年级的晚餐菜单定制，五年级的校园设计等。二是情境设计为手段，合作探究为方式。紧密联系学生的生活实际，创设问题情境，将主题任务融入具体情境中，学生以不同类型的合作探究方式来完成任务。三是动态学习为特征，开放多维为原则。学生带着任务或问题，经历不同的学习环境，整合应用不同的学习资源进行动态的研究性学习。学生所呈现的解决问题的过程、方式和结果是开放式的，具有鲜明的个性。

三、德行指向的道德认识与道德实践评价

在德行指向的道德领域，评价的内容主要包括道德认识、道德行为和综合实践三个方面。特别关注交往与合作这个维度，采用目标引领的方式进行评价。让孩子们自己讨论达到什么目标，过程展开，每一个月小小的目标和反馈。家校合作，让学生、家长和同伴共同评价。多元展示荣誉评定，对优秀的孩子可在门厅展示，还可以评选优胜，"光荣升旗手"等。其中主要的评价方式有小星星成长手册评价、学生成长档案袋评价、荣誉评选奖励以及学生志愿者积分卡评价等。

（一）《小星星成长手册》评价

小星星成长手册是学生个人记录学校生活、学习成长的重要载体，主要功能在于家校沟通、师生沟通以及记录学生生活轨迹。学生人手一册，每天使用，学生在手册上记录着每一天的校园学习生活、学业记载、情感道德认识以及多方心灵的交互。教师会在每个学生的手册上写下点滴反馈与指导语，学生、家长和教师同时在每一页上都有交互的痕迹。以此来评价学生一天的学习生活，校园感悟、交往体验和德行操守等。

（二）《学生成长档案袋》评价

学生成长档案袋评价指的是学校为每一个学生建立档案袋，档案袋中存放着与学生学习生活、个性成长有关的具有典型性的作品以及相关的成长资料，以物化的档案袋来评价学生的发展。档案袋里存放着最能反映学生入学以来发展水平及变化的材料，如美术作品、写字

作业、小制作日记、获奖证书、登台表演的照片、选修课成绩单、课堂表现记录、印象最深的学习和活动记录等。这些材料定期加以更新添加，使每一位学生都能感受到自己的成长与进步，不仅有利于培养学生的自信心，也为教师全面了解学生的状况、实施因材施教提供重要依据。档案袋中的材料由学生和老师共同确定整理，整理的过程也是学生对自己进行评价的过程。

（三）荣誉评选奖励

荣誉评选奖励评价是指在学校学期的阶段或学期结束，在班级、年级或者学校等层面进行各类学生成长评选，对入选的学生进行荣誉或者其他形式奖励的一种评价方式。荣誉的评选与奖励，一直以来都是评价的主要手段之一，也在很大程度上促进了学生的个体发展，起到了树立典型、学习榜样的积极作用。但是传统的评选评优存在着一定的弊端，基本的理念与操作还相对比较狭隘。如选拔评优、排名等次、淘汰评比等一些操作具有较大的不良竞争倾向，在一定程度上也给学生带来了消极的影响。

STARS 教育五星评价，将学生的荣誉评选奖励的理念进行了刷新，在操作上更关注到全体、全面，同时在评选的内容上也进行了较大幅度的拓展延伸，真正从学生成长的视角将评选发挥最大的效能。如在评优的基础上提出评成长，在综合评估的基础上提出单项评奖，在统一标准的基础上提出标准多元，在排名评比的基础上提出个性化评比，在限额评选的基础上提出达标评选等基本理念和操作办法。如示范生、成长生、自理自立奖、绿色环保奖、助人为乐奖、阳光星星奖等琳琅满目，个性飞扬。在奖励的形式上也是多样灵活，既有精神的也有物质的，如荣誉称号、证书颁奖，也有奖品鼓励以及奖学金的发放等；既有个人保管的证书，也有海报式的学校展览。内容的拓展、方法的多元、形式的多样为荣誉的评选开启了一扇崭新的大门，并赋予了荣誉评选以全新的意义。

（四）志愿者积分评价

志愿者积分评价指的是给每一位学生建立志愿者服务积分卡，每个学生凡是参加社会、学校的公益活动，捐助、社区服务、活动管理、交通协管等，学生都可以根据参与时间的长短以及付出获得志愿者积分。倡导积分上的循序渐进，以此引导学生从小树立公民意识、环保意识、帮扶意识和文明素养，同时积分卡也可以在分数上存在着增减变量，参与了公益活动可以加分，如果有违法违规现象，也可以在积分卡上扣除相应的分数。如学校倡导的每天跑步 1.5 公里活动，如学生偷懒则会被值周班级或老师记录下来并在学生个人的志愿卡积分上反映出分值的扣除情况。志愿者积分评价方式比较好地体现了社会性，学生个人对自己德行的一种规划与调整，以量化的分值作为衡量德行的一种参考的指标，使学生更加明确发展的方向。志愿者积分可以作为各类评选推荐以及学期末道德评价的主要指标和依据。从德行角度出发，为学生建立各种平台使他们可能去参与，让学校、老师和同伴借助载体去关注和评价他们。

STARS 教育的研究与实践、学校文化建设、教师队伍发展、课程架构与实践、学生活动的设计做了全面的研究，各项工作都有有效的评价作为重要保障。能够保障活动实施不偏离设计的初始，能够引导学生最优发展，学生在这个过程当中变得更加了解自己，更加自信，更加懂得与人交往，懂得在真实情景中解决问题。在我校为学生组织开展的各类活动中，学生都在自己擅长的领域充分展示了自己，得到了锻炼与发展。而我校教师也在坚持对学生多元评价的同时，更加深刻地领会到新课程改革的精神，在肯定学生差异、发展学生差异方面做了大量细致的工作，充分体现了我们"让每一颗星星都闪光"为特色的办学理念得到了家长和社会的认可。

　　显然，评价是非常重要的，因为它剑指学生发展，适切的学生评价一定是学生喜欢的，被学生和家长老师一致认同的，也一定是真正走入学生心里的评价。在几年的研究经历中，我们虽然进行了不懈地探索与尝试，基本建立了 STARS 教育评价的基本体系，取得了较好的成效。但可以肯定的是，对于评价而言，我们要做的事还有很多很多。在学生评价领域还有更多值得我们研究的问题，在课程改革处于深入推进的阶段，与之相适应的评价体系如何跟上时代步伐？旧的评价制度以及思想的改造如何在短期内完成？投入大量人力物力研究实践所取得的小学生评价新体系如何与初中学生发展评价新体系衔接？发展性的学生评价制度的建立，到底需要哪些领域的人一起参与进来？这些内容都是我们今后需要继续探索的深刻的话题。

第七章

双星拱日

学校和家庭是孩子接受教育最主要的两个阵地，家校关系是否和谐，对于孩子的成长有着非常重要的意义。学校和家庭在教育思想上要统一，教师和家长之间应加强联系、沟通与合作，唯有如此"今日之星星"才能变成"明日之太阳"。教师和家长就像星海校标中下面那一双张开的手，共同托起明天的太阳。实施"STARS 教育"的星海非常重视家校关系的经营，提出了"我们的孩子我们共同来教育"的家校合作理念，把创造学习共同体、共同营造家校共育氛围作为家校合作工作中的重中之重。

第一节　创造学习共同体

一、理解儿童，教育的第一步

（一）边缘学生只是问题系统的"代言人"

对于小学低年级学生来说，孩子出了问题，其背后基本都是家庭或老师的问题，学生只是这个问题系统的代言人。只要家长或老师改变了，孩子就会改变。日本教育学者佐藤学教授认为：信赖每位儿童，不管是特殊儿童，还是一般儿童，应该是所有教育的出发点和归宿。对人的信赖和尊重，不是因为其资质好能力强，而是要认识到人的脆弱性，认识到每个学生都有缺陷和弱点。正是由于儿童是脆弱的，所以才充满成长的可能性，他们是值得尊重的。这种对儿童的理解让人感动，正如老师们形容自己的工作——爱自己孩子的是父母，爱别人孩子的是老师。很多老师平时不约而同谈论的最多的就是他们班的有特殊需求的孩子的故事。在老师们看来，对一、二年级的学生而言，他们的多种能力是紧紧咬合在一起的。孩子们与人交往的能力、运动能力、生活上自我管理的能力、情绪的控制能力，与学习能力是一致的。他们各自不是孤立的山峰，而是底座相连的山脉，是一个人今后长期成长的土壤。年龄越小的孩子，当与人交往出现问题时，越不懂得倾听和交流，获取知识的能力也自然受到影响；当运动能力与年龄不匹配时，就意味着孩子的大脑结构发展不均衡、不协调；课桌、书包凌乱，往往代表着孩子的分类意识、整理归纳的能力不足，是一种相对混乱的思维方式……所以怎样把这些孩子顺利地从边缘拉入群体，是老师们的一项重要工作。等到三年级，随着学习难度的增加，孩子们之间出现比较明显的分化，所以我们希望在一、二年级给所有孩子养成良好的习惯，培养各方面均衡发展，这样才能顺利地跟上集体的发展。除了少数器质性引发的问题外，大多数出现适应性问题的孩子，背后要么存在着有一定问题的家庭，要么存在着有一定问题的老师，孩子是这个问题系统的代言人，年龄越小，受到这个系统的牵制越大。所以当孩子进入学校，老师一旦发现他们的问题，就会去分析问题来自哪里，只有出现问题的家庭或者老师改变了，孩子才能改变。有些家庭的教育问题很严重，家长完全改变不了，那么老师会努力把孩子往自己这边拽，承担起更多的责任，我们要让孩子知道，世界不是这样的。孩子的行动是其内心的体现，好的老师会让家长意识到：学生的情感、智力都很重要。老师需要教导学生学会如何挖掘他们适合探索知识的情感宝库，教育应该帮助学生尊重和关注他们的情感，尤其是痛苦的情感，诸如：焦虑、愤怒、内疚、忧伤和疲惫。好的教学，关注情绪，认真对待情绪理解力中的智能。

（二）懂得倾听和交流是迈向学习的重要一步

做好入学准备的孩子，应该身体协调，喜欢运动，懂得交往、自我管理和控制情绪。到学校之后能够懂得倾听和交流，这是迈向学习的重要一步。老师们非常看重孩子们融入集体的能力，是因为对个体的健康成长而言，社会适应是非常重要的能力，而社会适应的核心就是交往。一个学生只有融入集体中，才能与他人进行良好的交往。很多焦虑的家长在孩子进入小学前，忙着给他们报识字班、拼音班、数学班，但是在老师们看来，家长们不应该把精力放在单纯知识的获得上。知识上零起点的孩子入学后很快就能跟上这些孩子，或许在一年级的前半学期没有优势，但是两个月以后与上学前班补习的孩子没有差别。老师们有一套经过反复捶打的方式，有效地将孩子们引进知识的大门。所以老师们不怕知识上零起点的孩子，怕的是没有养成良好习惯的孩子。这种习惯包括孩子的自我管理能力：对自己物品的管理、对时间的概念、对情绪的管理、是否尊重他人等。如果一个孩子能够做到不伤害自己，也不干扰别人，就体现出相当好的自律意识。教会孩子知识并不难，但如果没有良好的配套习惯，孩子后续的发展就会动力不足，这就好比如果你的车只有三个轮子，能长途旅行吗？家长不给孩子配备其车轮，而是拼命往车上装货，结果可能适得其反。孩子的运动能力、与人交往能力、自我协调生活管理能力和情绪控制能力、能够懂得倾听和交流等，这些在老师们看来才是迈向学习能力的重要一步。

二、家庭教育中的学生观

（一）家庭教育的土壤是不同的

小学阶段的儿童，其身心成长与家庭环境密不可分，家庭环境对儿童的影响是持久的。如果父母受教育程度较高，相对而言他们就会继续自己的学习经历、经验而形成一种教育观念，在教育孩子的时候，就可能给孩子带来源源不断的学习感知体验，就可能意识到体验性学习对孩子的重要性，而不是仅仅停留在片面的认知式的知识教育上。孩子在这样的家庭环境中成长，懂得在有序的现实社会中如何交流和应对，他们知道如何与他人交流，如何在人群中恰当地表达和表现自己，找到自己的存在感；懂得借助语言之外的沟通交流手段，给人留下良好和深刻的印象；甚至懂得把行为结果联系起来考虑问题，进行行为的矫正与改善。这样教育是有目的、有规划、循序渐进的。

社会上的大多数父母，为生活所累，或辛苦劳碌，或疲于工作，孩子因为父母无暇顾及而自然生长，父母与孩子的交流沟通往往是缺失的、不充分的，在这种家庭土壤中成长的孩子，可能出现两种情况：一是孩子因此无拘无束、有活力，能主动寻求同伴或孩子群体的接纳，没有特定的偏好，也不会因为无聊而抱怨；二是可能因为缺乏正确的引导，导致封闭孤独，自我认同感和学习能力下降等。除此之外，家庭教育价值混乱、贫穷和家庭破碎等不利家庭教育的现象，也会潜移默化的改变儿童对自己、对他人、对世界、对未来的感知和理解方式。

尽管我们努力倡导教育的公平，保持教育的均衡化发展，克服学校之间的差异，尽管我们尽力从意识到行动，都公平地对待来自不同家庭的孩子，不管他们是富裕还是贫困，是健康还是残疾，但由于父母之间的差异，家庭教育环境也不同，儿童在心理上会产生一种潜意识的差距，不过这种差距是隐性的。差异大部分都与潜意识相关，这会使来自不同成长环境的孩子之间的差距迅速拉大，在小学阶段有一次大的分化，但大部分的分化在相当长的时间里持续，个别的分化将永久持续下去。

（二）家庭教育中的学生观是单一的

按照多元智能理论的观点，孩子有八种智能倾向性，孩子一出生就注定了他的独一无二、与众不同，即表现为先天的智能遗传的不同，也表现为后天的教育环境的不同。孩子的父母就是与众不同的，他们潜移默化地影响着孩子，孩子从此就开始渐渐不同了。正如西方一位教育家说："你从父母那里学到爱、学到笑、学到怎样走路，可是一打开课本，你发现你有了翅膀。"家庭教育只是因材施教地辅导学生，助其成长，孩子本应是用自己的翅膀翱翔的。

可中国式家庭教育观几乎是单一的：孩子来到世界上就是学习的，并且学习就是学好课本知识，学习的终极目标就是掌握课本知识，考出一个又一个好的分数。如果按多元智能理论分类，十个孩子本应有十个不同智能优势发展方向，但我们的现实家庭教育只让十个孩子都朝一个方向发展，那就是学习书本知识，通过考试成绩证明学习上的成功。即使是学习"后进生"，也要力求每学期在分数上有所进步，才能证明自己是在不断努力的，没有辜负家长期望。这种家庭教育观的危害是严重而深远的：其一，这些学生很痛苦，没有快乐的童年；其二，这种训练对他们日后的工作帮助甚微；其三，在书本中耗费过多的经历贻误了他们感知社会、发育其他能力、走向自立的机会。

家庭教育中单一的学生成长功利观，导致学生所有的活动目的性都很强。无论是发展某项特长或者学习某项技能，首先想到的就是，这对今后升学有没有用，对考好学校有没有实际的好处，哪怕是跑步，功利因素也在里面，因为初中学生升高中时，体育考试中有跑步项目，学生参加任何活动，都基于为将来的考试与升学考虑，纯粹基于学生兴趣爱好的活动真是少之又少。

（三）家庭教育观的引导

由于家庭教育观目的性很强，家长自孩子一出生就开始规划他的学习。家长之间的攀比和竞争从胎教就开始了，他们把孩子作为自己理想的代言人，把孩子视为完成自身凤愿、实现"家庭梦想"、为自己争光的工具，这令外国人对中国的家庭教育非常不解，难以置信。外国人对中国育儿的十大不理解之处：让他人带孩子；把孩子当作比较的对象；不尊重孩子的隐私和权利；把孩子塑造成自己想要的样子；把学校成绩当唯一的指标；以为早起好，否则就是懒惰；认为孩子不该做家务，该把时间拿来学习；缺乏幽默和轻松；对子女提出不合理的要求；认为养孩子是艰苦的义务。

对家庭教育的引导，除了依靠政府以外，学校也应该发挥先行者的作用，为此学校要开办现代家长学校，系统而专业化的培训家长。对家长的引导，有如下的重点内容：

一是引导家长认识儿童的独特性。虽然，孩子是被父母带到这个世界上的，但他们不是父母的财产，更不是父母的累赘，家长有义务让他们自然健康地成长，尊重他们作为独立个体的权利。家长需要把握孩子自然健康成长的规律，既要认识孩子的独特性，也要了解孩子成长的规律性，既不能忽视个体差异，要求所有孩子成长的步调一致，也不能揠苗助长，把超越自然成长规律的负担加压在他们身上，逼迫他们去实现父母的宏大理想。

二是引导家长习得正确的教育经验。父母教育孩子往往是靠经

174

验,而这种经验是后天习得的。过去的多子女家庭,父母还有习得经验的过程,现在的独生子女家庭,几乎没有经验习得的机会。孩子出生后基本上就决定了这是一次冒险的尝试:第一次也是最后一次带孩子,并且大多数经验都是从上辈人那里得来的经验,或者说是书本上得来的间接经验。他们对孩子,很难做到理性的爱,甚至可以说是泛爱过度,他们可以让孩子为了知识的学习,而牺牲生活的乐趣和其他方面的学习。即使是在家庭教育观比较理性的家庭,独生子女也不能像多子女家庭的孩子那样,有着赖于健康成长的人际环境。为此学校要开办家长学校,培养具有现代教育经验的新家长。

三是引导家长认知新的教育环境。在 21 世纪,什么样的教育环境才适合儿童的成长?电脑、互联网、平板、智能手机等新媒介的变迁,数字化学习风起云涌,对儿童的影响可谓空前绝后。在新媒介的当下,家长要在主动承担保护儿童责任的同时,让他自主发展。自主授权和人生目标的指导,是孩子希望得到的。学校要培训家长认知现实教育环境的多样性与娱乐性,这样才能保障儿童的参与性和发展性。否则,任何极端的做法都会让儿童失去自我发展的可能。

三、学校教育中的学生观

在道金斯写的名著《盲目的钟表匠》中,钟表匠盲目在哪里呢?是整日忙于生计造钟表,还是盲目地想准确地把握时间呢?他哪一次把钟表的时间"造"准了呢?教育复杂到没有公认的标准答案。"钱学森之问"就是一个教育难题。对教育这个比钟表匠造钟表复杂、困难得多的问题,我们当下的学校教育真有点像盲目的钟表匠那样。时间长河一刻也不停留地、毫无差错地奔流不息,钟表匠能把握精确的时间吗?回答是否定的,唯一肯定的是能永远接近准确,而无法触及正确本身。学校教育，这不也是如此吗？接近孩子天性的教育是最好的教育，若能遵循儿童的本性，使其具有仁德之心、智慧之智、优雅而又自然健康地成长，就是"精准"教育。持这种观点的人就是最好的钟表匠，就是拥有最好学生观的老师。

（一）学校教育的"劳"与"苦"

虽然人们对影响智力的因素做过细致地研究和探讨，但纯粹的智力只有在解决那些已经被精确界定的问题时才管用。当问题未被精确界定时，弄清楚问题的本来面目，然后客观地评估该问题的情况，寻找解决问题的办法，属于心理活动的范畴，与智商关系不大。孩子的心理活动等"非认知性品质"，比如情绪控制能力、意志力、好奇心、勤奋程度、独断能力、创新意识等都难以量化，却对孩子成长至关重要。从现实的研究来看，教育研究者对"非认知性品质"的研究经验并不多。在智力成就的最高层次上，智商分数根本无法用来评价天才与平庸。最伟大的思想者似乎拥有某种超越了狭隘理性思维的特殊思维能力。人类智商和心理品质亦如钟与云，钟是精确的、可测量的、可调控的，云则是混沌的、可变的、不可控的。儿童由自然人成长为社会人，可控的因素越来越少，不可控的因素越来越多。认知的品质对人的成长来说，只是基础性的条件，并非唯一的充分必要条件。如若此，大多数人的成功都是可以预见的，但事实并非如此。人生的成长智慧并不包括对特定事物的了解或对某一领域知识的掌握，它包括该怎样对待知识（知其然而不知其所以然是不行的），该如何树立自信（自信但不能自负），该如何培养勇敢的品质（敢作敢为但又要谨慎克己、脚踏实地），它是坦然面对挫折的勇气，是探索未知世界的意愿，是百折不挠勇往直前的意志等。学校教育者必须在遵循儿童身心发展的基础上才能出成果，否则，无论老师、家长怎样努力，最后

"苦"了老师，也"苦"了家长，更"苦"了孩子，让他们失去了本该美好的童年。

（二）学校教育的"急"与"慢"

孩子成长的影响因素很难定性考量，虽然多数研究教育的大家都以儿童为观察研究对象，但都在一定范围内考量了某方面的可测量因素。有人认为影响儿童智力发展的变量因素有九个方面：

第一个变量是母亲的精神健康状态。有两次及以上母亲被诊断为有感情障碍，作为高危因素，她的孩子易发生智力障碍，因此保护母亲情感的稳定和平衡是极为重要的。

第二个变量是母亲是否抑郁。高智商的儿童，他的母亲75%不忧郁；低智商儿童的母亲中忧郁占25%以上。郁郁寡欢、闷闷不乐等心理压抑也是高危因素，对孩子的成长极为不利。

第三个变量是双亲儿童教育的观点。智商高的儿童，双亲百分之七十五是非专制型的；低智商儿童的父母，至少有25%采取专制型教育。专制、强迫性教育是高危因素。

第四个变量是母子间的相互影响。高智商的儿童，他们的母亲75%有较多的自发爱抚表示，而缺乏自发爱抚行为则为高危因素。

第五个变量是母亲的受教育程度。母亲受过中等以上的教育，其孩子智力障碍发现的较为少见。

第六个变量是父母的职业情况。技术娴熟、工作顺利、人际关系好的父母的子女的智商较高。

第七个变量是家庭的稳定状况。家庭幸福、和谐、健全，儿童受到良好影响，将会促进智力发育。

第八个变量是生活中是否发生过意外。75%以上的高智商的儿童在生活中是没有发生过意外的。

第九个变量是家庭大小和子女多少。国外调查证实：胎次多的，智力则递降；两胎间隔长的孩子，其智力高于两胎间隔短的孩子。

以上九个变量并非穷尽了影响儿童智力的所有因素，但我们可以大致确定，教育是多因多果的心智活动。因此，学校在教育学生的过程中不能"急"，不能期待像图书馆装书一样，给学生大脑里装知识，更不能期待像树苗日渐长高一样，给学生情感意志等制定出可测量的成长目标。正如教育学者张文志所说，教育是慢的艺术，教育是急不来的，也是急不得的。但是我们也必须承认，教育有其独特的关键期，把握不住关键期的教育，事后再靠人为的努力，往往会事倍功半。教育既不能"急"，也不能"慢"，"慢"则错过了教育的最佳关键期。

四、打开围墙，连接家校

（一）家长要懂得维护教师的权威

教师本身对于学生来说也是经验的一个对象，这个对象是直接的，同样也是丰富的。好的教师善于建立温和的权威，好的父母懂得帮助和维护教师的权威。教师是温和的权威，对孩子们来说"亲其师，才能信其道"。一个学生不认可的教师是树立不了真正的权威的。而教师在树立权威时，又分为两个不同的领域。在鼓励学生们求知探索中，教师的权威要适度退让，使得学生享受思想的自由。比如老师有时故意"示弱"："这道题我不会，谁来帮帮我啊？"或者故意出错，等着学生指出来："哎呀，太感谢你了，我怎么没有想到啊？"但是在行为规范上教师要做到言必行、行必果。比如两个学生发生矛盾，有时候两人都犯错了，但其中一位同学会说："他必须先给我道歉，我才道歉。"这时候老师要告诉学生，改正错误是不需要"前提"的，是"无条件"的。改正错误，成长的是自己！因为真正的爱不是迁就，一味地包容，真正的爱是给予孩子成长的力量。这种教育是有原则的，但同时给到温暖，让孩子们看到希望。老师在批评学生时，也有一定的技巧，有时候老师单独地跟犯错的学生谈心，表现得痛心疾首："这是好孩子做的事情吗？咱们好孩子怎么可以这样做呢？"有时老师为了鼓励学生对错误行为负责，会拉起学生的手说："走，咱们一起去给这位老师道个歉，我陪你。"等。教育孩子有三个原则必须让学生牢牢地记住。第一，不要伤害自己，这种不伤害自己是对自身的一种保护；第二，不打扰别人，这是对他人的尊重；第三，不破坏环境。一个人只有当他与自我、与他人、与环境都协调了，才能获得长久发展的动力。

根据孩子们的发展规律，孩子们往往到了高中二年级才有思辨的能力，懂得当一个事物从不同的角度来看可以得出完全不同的结论，表现在行为上，就是学会体谅别人。但是在此之前，学生很难辩证地看问题，所以家长要帮助孩子维护老师的权威。如果家长在孩子面前打破了教师的权威，孩子就会进一步抵抗老师来迎合家长，这对于孩子的发展就非常不利。老师在管理学生时的批评、责怪是有限度的，家长应放心让老师去管，如果老师不管好孩子，孩子到了社会上就被人欺负，那可是没有限度的。而且，在孩子成长过程中，会遇到各种各样的老师。当孩子遇到不尽如人意的老师时，千万不要当着孩子的面谈论老师的不好。尽量往好的方面去评价老师的行为，然后私底下找老师交流沟通，尽可能维护老师的权威。当孩子有了思辨的能力，能够全面地看待问题的时候，在回忆某个老师时说说当时的感受，与孩子共同探讨倒是无妨。所以作为一校之长，相当一部分精力用在了处理家长与老师之间的沟通问题，也正如日本学者佐藤学所说，现在教育危机的核心是家庭的"密室抚养"与学校的"密室教学"之间，所引发的教师与家长之间的信任缺失。

（二）建立信任，将家长定位为教师的同事

学校中存在着各种各样的难题，这些难题都是因为儿童之间、儿童与教师之间、教师与家长之间等缺乏信任。"信任"可以说是一切学校改革的核心概念。在把学校构建成公共空间的过程中，家长和老师之间的互相倾听，显得尤为重要。作为父母，往往看到的是自己孩子的一个个体，而作为老师看到的是班级里的群体。父母的个体角色与老师的群体角度之间常常会持有完全不同看法。为了推动家长与学校之间的联系，学校有意将家长邀请到教室协助老师开展部分教学活动。在开展参与活动中，所有的班级都会从第二次、第三次开始让父母、与具有血缘关系的子女分开，从而使父母和其他孩子和家长建立联系。学习参与的目的就是将学习和教室重构为公共空间，家长们也能够获得一个群体性视角。如代班班主任、家长助教进课堂等。教师要认识到教师的责任，家长要认识到家长的责任，这样才能真正实现家长和教师的联合。对于中国年轻的一代家长来说，他们的中小学教育充满了集体主义的一致性，在成人后又受到西方自由主义思想的影响，这些家长对于在让自己的孩子进入到学校这个集体中，往往充满不信任和警惕。很多家长往往比较脆弱，遇事怕吃亏，怕孩子遭遇到不公平的待遇。家长们害怕集体主义抹杀孩子个性，但是集体并不只是意味着限制和抹杀个性，有效能的集体是在有共识前提下充满个性的成长环境。这个共识就包括共同愿景，以及共同遵循的行为规则，显然这是一个充满信任的、安全的互动环境。美国学者帕克·帕尔默说，老师和父母都希望孩子能够成为自由思考和生活的人，但他们也应该知道，帮助他们成就这种自由，需要在一定环境下约束他们的自由。只是学校和教师在建立规则时，需要把一种更大的爱带入到教育情境中，它将超越简单的自由和约束的对立，把学生带入到一种更高层的力量，那就是爱的力量。

今天很多家长非常重视教育，但由于对竞争的过度担忧，产生焦虑。很多家长追求孩子的成功，却在用今天的标准对待成功。今后社会的物质财富不再稀缺，人们的选择变多，成功的人往往不再是"全才"，而是"有着很强支持系统的专才"。而幸福的人比成功的人还多一种品质：随和。随和的人才能真正放松，这是获得幸福的要素，家长帮助孩子了解自己是一个非常重要的探索过程，这包括了解孩子的特长和限制，做出合理化的成长方案。家长不要被完美主义绑架，每个人都要接受不完美的自己。有的人天生与人亲近，适合做与人打交道的各种工作；有的人天生与物亲近，适合做物的生产、研究的工作。家长没必要非要把学生的喜好和个性扭过来，而是顺应孩子的特长，寻找并放大其长处。这样的孩子才能造就与众不同的自己，而不是在还没有学会和遵守规则前，就强调个性。不受约束的个性，带给孩子的最终是孤独。

在老师们看来，优秀的孩子都有着这样的特质：努力、坚毅、追求公平，有规则意识、不逃避责任。优秀的孩子往往维持着很高的自尊水平，他们为了满足自尊，就会约束自己去实现目标，同时学会拒绝其他诱惑。而谦卑是一种重要的品格，不是因为输了而谦卑，而是因为我们只能通过谦卑这片透镜，看到伟大事物。孩子们也会在建立学习共同体的过程中，理解集体中共同成长、互相依存的意义。正如帕尔默所说，如果运作得好，真正的共同体是透过论争而不是竞争来推动认知的。竞争是个人为了谋取私利而秘密进行的、得失所系的比赛，而论争是公开的，有时喧闹，但永远都是群体共享的。群体的动力是由观察和解释的规则所支配，要成为真正的共同体，必须遵守它的原则、标准和程序。所以一个人建立自我的过程中，可以挑战并且改变标准，但是我们必须以公开的、大家可以接受的方式为任何改变提供充分的理论依据。只要我们愿意把我们的看法、我们的观察和我们的理论都交给共同体，共同体大有可为，把我们从无知、偏见、自欺中拯救出来。

学习共同体的建立，最终为了使学校变成一个孩子们成长的共同体：学校成为儿童合作学习的场所；教师作为专家互相学习成长的场所；家长和市民参与学校教育并互相学习的场所。在把学校构筑成公共空间的过程当中，家长与学校之间的倾听关系，建立充分的信任具有决定性的作用。

第二节　基于家校伙伴关系的实践模式

一、以学校为主导的家校合作实践模式

家校合作的伙伴关系中，学校在组织活动中起到主导作用。学校实践模式包括四个基本的要素：（1）合作行动小组；（2）六种参与类型的框架；（3）年度合作行动计划；（4）项目评估。在此基础上，形成"建设组织—明确任务—制定计划—开展活动—评价效果"的实践操作流程。

（一）要素之一：合作行动小组

这是一个由学校、家庭和社区合作者组成的委员会，目的是为确保所有的家庭和社区能有效结合，为学校创造欢迎家庭参与学校教育的氛围，确保家庭和社区有合理科学的方法帮助孩子健康成长。合作行动小组可以按"班级—年级组—校级"三级来组建，分别承担不同

级别的工作任务。有了合作行动小组，教师、管理者、家长、社区成员以及其他人都可以共同组合成一个整体，可以将家庭与社区链接起来，使它们能够合作参与提升学校的目标。

（二）要素之二：六种参与类型

家长参与家校合作的模式、角度和类型，可以分成六种参与类型：

1. 养育型：帮助所有家庭建立视孩子为学生的家庭环境。

2. 交流型：构建家校双向沟通的有效形式，交流学校教学和孩子的进步。

3. 志愿型：招募并组织家长志愿者帮助和支持学校工作。

4. 在家学习型：向家长提供如何在家帮助学生的信息和观念，包括帮助孩子做家庭作业、完成课程相关活动、进行学习决策和计划。

5. 制定决策型：让家长参与学校决策，培养家长领导者和家长代表。

6. 与社区合作型：识别和整合社区资源与服务，改善学校教学、家庭实践以及学生的学习和成长。

以这六个参与类型为基础，家长们积极参与到活动中去，建立和维持全面的家庭社区合作项目。各分委员会在每个月都会汇总一次来协调和监督所有的活动，聚集起来共同起草、策划、实施年度合作行动计划活动。

（三）要素之三：合作行动计划

合作计划一般以学年度为单位制定，每学年充分结合学校发展目标，制定家校合作行动计划。合作行动小组负责进行行动计划的制定、实施、改善以及跟踪维持。年度合作行动计划的内容主要包括活动内容、活动场地、活动对象、月度时间安排、负责人确定、评估细则等。其中对人员的招募要求、培训和管理、活动的实施细节等需要做出明确、详细的规定。

（四）要素之四：项目评估

每个学校制定合作行动小组的计划和活动，目的是为了达到本校学生的学习目标、满足本校的所有师生以及家长的需要和利益。坚持对他们本年度所做的一切工作进行合理化评估，将项目的所有工作加以客观的评价，总结经验教训并不断提高本校的合作项目的质量。合理合适的评估会起到良好的激励作用，引导后续项目的开展，并对项目过程的改进起到很重要的作用。

二、以教师为主力的家校合作实践模式

教师是联结学校与家长的桥梁，是家校合作中的主力军。如果教师对家校合作持无所谓的态度，或是被动地对待家校合作，则会令家校合作效果大打折扣。所以，在家校合作中，教师应该成为活动的策划人、组织者、推行者、指导者、咨询者。

通过教师努力，以教师为主力的家校合作，主要有以下方式：

（一）推行班级"家长开放日"

每学期邀请家长进课堂，参与老师的教学过程，开展听课、评课等，亲临课堂感受孩子的学习方式，并能根据自己的观察提出合理的建议。在开放日时间，让学生父母走进校园，深入学校教育现场。父母可以在开放日中随时随地推开任何一间教室的大门，到每一间教室里去观察学校生活的细节，到食堂、图书馆等场所直观地了解教师与孩子教学与生活的方方面面。

（二）传递教育教学理念

1. 高度重视"家访"

家访，曾经是家校交流最行之有效的做法。信息时代到来之后，

我们一度用电话、网络代替了家访，或者以把父母请进学校交流，代替老师走进家门交流。如今许多有识之士已经发现了取消家访的弊端。人们发现，许多用语言难以说明白的事情，一旦到了孩子家中，看一看孩子日常的生活环境，观察一下家庭成员之间的交流方式，一言一行一举一动，甚至是无声无息，就能够捕捉到问题的根源。所以，家访，就是让教师深入家庭教育现场，是一项无可替代的重要工作。

为了使家访更有成效，应该注意以下问题：

第一，家庭访问的目的是全面了解学生的生活环境，沟通与学生父母的感情，建立信任关系。第二，每次家访最好事先与学生父母约定，不做"不速之客"，以免使父母因教师的突然来访而感到不自在或者父母不在家而"扑空"。第三，家访一定要围绕事先确定的目的进行，并且进行必要的准备，无目的无准备的家访往往难以取得真正的成效。第四，不要把家访搞成"告状"。第五，对于学生家庭和父母的相关情况要注意保密，在家访一开始就申明保密的原则。对于一些由于不愿意透露家庭情况的父母，也不要勉强进行家访，可以约谈在学校或者住所附近见面交流，或者通过电话、邮件等进行家访。

家访增进彼此的了解和信任，为其他工作的顺利开展奠定了坚实的基础。在具体操作中，还可以与其他家校共育活动相结合，以期取得更好的效果。

2. 充分利用信息平台

当代父母大多是70后、80后，由于他们中许多人接受过高等教育，他们与孩子相处变得更加民主、更加平等，但年轻的父母依然遭遇许多新挑战：时代变化太快，70后、80后家长的成长环境明显异于00后、10后孩子的成长环境，许多生活概念完全不同，许多知识、经验已跟不上孩子的视线、需求，这是现代父母面临的最大挑战。

除此以外，孩子学业与升学竞争压力仍然较大。高考、中考指挥棒，经层层放大，最终将压力传递到了每一个家庭，导致学生学业负担尚未完全减轻。一方面，社会天天在喊"减负"，另一方面，家长们又被迫给孩子"施压"，此外，中国代际关系是"反哺模式"，父母对子女几乎是无限责任。因此，时下不少家庭对"家庭教育"的诠释主要还是抓孩子的学习。

一项全国调查显示，52.5%的家庭教育仍然着重"为孩子安排课余学习内容"；34.6%的家庭在"陪着孩子做功课"，反而忽略了对孩子身心健康、做人教育这些家庭最基本职责的履行，这很大程度上反映了当前不少家庭在育儿职责上的"越位"或"错位"现象。

基于此，教师抓住与家长交流机会较多的优势，充分利用 QQ 群、微信等信息平台，向家长传递正确的教育教学理念，帮助提高其教育素养，使之成为家校合作共育的有力支点，共同营造良好的育人环境，让师生及学生父母都能过一种幸福完整的教育生活。

3. 印发家校联系卡

家校联系卡对密切班主任、学生、家长的联系，沟通三方的情感起到桥梁作用。

4. 举办家校联谊活动

班主任可以通过不定期组织家长和学生参加表演、游戏、家庭成员特长展示等活动，来密切家庭和学校的关系，密切家长和子女的关系。

三、以家庭为补充的家校合作实践模式

（一）组建家委会

通过组建家委会，形成学校、家庭一体的学生整体教育工作网络，

加强学校与学生家庭之间的沟通与了解，把家庭教育和学校教育密切结合起来，形成关心学生健康成长的舆论和风气，强化家长参与学校教育的意识，调动家长的积极性，为学校的教育改革、教育事业的发展献计献策，并尽自己的力量配合学校、教师的工作，使学校的文化教学、课外活动更加形式多样，丰富多彩，从而形成教育合力。家委会的组建内容包括：

1. 组织机构

家长委员会一般由班级家委会、校级家委会两级组成。家长委员会委员任职期限一年。班级委员任职期限一年。

2. 委员的产生及条件

班级家委会的产生流程：本人申请，班主任老师推荐，家长代表民主讨论。学校家委会的产生：年级家委会在班级委员会的基础上通过民主选举，推荐而产生。

各级委员必须具有一定的社会影响力，具有一定的文化素养和良好的心理品质。有较强的责任心和工作能力，有一定的组织、管理能力、协调和社会活动能力，参政议政能力较强，热心教育事业，支持学校工作，愿为教育献计献策，有群众基础，能与大多数家长沟通思想，能反映多数人的要求，能有一定的时间参与各项活动。

3. 委员的职责

委员的职责主要有：以各种可能的形式协调和帮助学校搞好教育改革，提高教育质量的义务；通过各种渠道了解家长对学校教育的要求，宣传学校教育工作的成果和向学校提出教育改革的信息，形成全社会尊师重教的义务；以各种方式呼吁社会各界在财力、物力上支持学校，帮助学校改善办学条件的义务；维护学生的正当权益和学校声誉，代表家长参与社会服务、社会监督和学校教育管理工作；配合学校、教师组织好课外兴趣小组活动，并尝试由家委会发动家长们承担部分学生社团活动教学任务的义务；协助班主任做后进生转化、协助学校、班级调解学校、班主任、家长之间争议的义务；与妇联、社区、街道、关工委和青少年教育组织保持横向联系，以实际教育工作建设社会主义精神文明的义务；遵守家委会章程，执行家委会决议，接受广大家长的监督。

4. 委员的权利

听取学校的工作报告，了解学校工作计划、收费情况，有权对学校有关工作提出咨询，并随时提出办学的意见和建议；制定一年级家长学校的办学纲要和办学计划，聘请学校教师并负责组织教学；积极协助学校召开家长会议，研讨有关事宜并做出相应的决议；运用各种形式总结和交流家庭教育的经验，评选和表彰好家长；有权向上级主管部门反映意见和建议或向家长提出有关要求；有对学校任课教师进行综合评价的权利；有向其他学生家长解释学校有关决策的权利。

（二）学校社区化

所谓学校社区化，是指学校向社区开放。学校的经营理念教育内容、活动设施和人力资源等允许社区人士的参与，教育的对象包括社区全体人员。学校作为社区的文化中心和社会的文明引擎，也需要进一步加大学校资源对社区开放的力度。如学校的图书馆，应该不仅仅是为教师和学生准备，同样应该为社区居民和父母开放。学校图书馆建设应该同时考虑配置家庭和社区可以阅读的书目。学校的体育场地设施，也可以向社区居民和学生父母开放。学校的教室在假期和节日可以向社区居民和父母开放，为他们的终身学习提供便利。这样，学校就可以成为真正的学习中心，成为社区的文化中心。

（三）社区学校化

这是指整合社区资源，使社区的全体成员，无论老人、小孩、妇女，都能在学校和社区中享受各种资源。通过彼此互动凝聚社区共识，能自发自主参与社区事务，解决社区问题，提升社区素质，促进社区发展。以各种方式充分利用社区中的教育设施和人力资源；向公众宣传学校教育的目的、取得的成就和面临的困难，争取公众的理解和支持。

社区教育资源也应该向家庭和学校开放，如社区图书馆、文化馆、体育中心、青少年活动中心等公共文化设施如何配合学校与家庭的教育需要开展活动，社区的有关机关、团体、企事业单位如何发挥自己的优势，主动为学校和家庭做好服务，也是家校合作共育需要探索的重要课题。

（四）共建资源网

家校合作共育的优势，就是能够实现家庭、学校、社区资源的共享互补，把有关各方资源进行多种组合，形成一张大网，为学生成长提供更加宽广的空间与可能。在资源共享上，家庭、父母向学校开放，社区不同职业、不同岗位的人员走进学校，成为教育中的人力资源、社会资源乃至补充部分的财力资源。

1. 建立共育资源室

家校社合作共育资源室是为家庭、学校和社区开展家校合作共有建设的资源中心。资源中心应该包括关于教育、心理、青少年儿童发展、家庭教育、父母成长、家校合作、学科教学等方面的书刊。可以考虑配置新教育研究院研制的《中国幼儿、小学生、初中生、高中生基础阅读书目》和父母书目、教师书目等家校合作共育的图书，以及《中国教育报》《父母课堂》等报刊资料和相应的影视资料。

资源中心一般建在学校，与家委会的办公机构和父母活动中心合而为一。

资源中心可以由学校主导建立，也可以由家委会主导建立。无论是谁来建设，家校合作共育资源中心的关键，都是共同参与，共同建设，实现新教育家校合作共育的共享、共生、共赢的目标。

2. 父母进课堂

父母进课堂，是共享家庭教育资源最重要的形式之一。父母进课堂可以与学科融合，不同学科兴趣特长的父母，可以成为老师的助教；可以与阅读结合，成为"故事爸爸""故事妈妈"开展阅读活动的载体；可以让有特长的学生父母走上讲台，对孩子们进行知识的教学和相关的技能传授。这样的父母课堂为父母展现自己的才华搭建了一个舞台，也为学校丰富特色课程资源提供了多样化途径。

3. 父母俱乐部

与父母进课堂通常由学校为主导成立、职能上侧重学习成长不同，父母俱乐部通常由父母为主导成立，职能上侧重寓教于乐的社交活动。

4. 社区大讲堂

社区不同职业、不同岗位的人员也是非常重要的教育资源。社区大讲堂可以根据学校教育的需求，邀请周边如交通警察、消防员等不同职业的人员，以讲座等方式推进，灵活简便。

5. 社会实践基地

社区中不同单位、不同机构的硬件，也可以成为重要的教育资源。学校探索统筹协调各类社会资源单位，积极争取社会支持，加强社会教育资源开发，进行校内校外统筹，发挥各方力量，合力打造一批社会实践教育基地。这样的社会实践基地可以成为学生的第二课堂，可以成为教师的第二讲台，可以成为父母的第二客厅，也可以成为本单位职工的第二舞台，从而让社会资源更充分更稳定地发挥效用。如，好运俱乐部充分发挥自身特色，在我校建立了青少年羽毛球训练基地，定期对学生进行无偿教学；香港世界地壶球协会会长联系了当地一家运动器材厂，向学校捐赠地壶球运动器材，并帮助学校培养教练。在他们的协助下，学校开发了《地壶球》拓展课程，开展地壶球特色体育教育；宁海清华同方公司为学校捐建3D实验室，心理健康教室，提供校园环境质量检测系统；青少年活动中心在学校建立流动站点，进行拓展性活动评价。这些校外机构实践基地的建立，极大丰富了学校教育的内容。

第三节　基于家校伙伴关系的实践案例

一、学年度合作行动计划

学校根据自身需求，将每个年级每一学年的合作项目以计划的方式固定下来，形成传统项目。根据公布的项目主题，家长可以充分参与进来，并在这个过程中发挥自己的引领、协助作用，陪伴孩子成长。

例：

星海小学年度合作计划（简表）

参与年级	合作项目名称	项目内容
一年级	趣味运动会	两人三足接力、穿呼啦圈、篮球投呼啦圈、夹乒乓球、蒙眼转圈向前走。（均由家长和孩子共同参与完成）
二年级	生活自理大擂台	给父母穿衣戴帽、打领结、绑头发；自己叠被子、与家长合作制作水果拼盘等。（每年定一到两个项目、进行比赛）

参与年级	合作项目名称	项目内容
三年级	十岁成长礼帐篷之夜主题活动	每个家庭制作一份美食来参与冷餐会、学生表演节目、家长分享孩子成长小故事、表达学生寄语；晚上家长离开，学生 4 人一组在操场上睡帐篷。
四年级	亲子摄影大赛	每年的摄影主题会更换（例如：我爱家乡，我最爱的人等），学生在家长的带领下，根据本年的主题去收集拍摄素材，上交一张最满意的照片，通过学校和家委会筛选，宣传每班若干张优秀照片，在校园里进行展览，由全校师生进行投票，选出优胜奖。
五年级	爱心义卖	准备义卖物品，学生、家长指导定好物品的合理价格，并贴好标签。学生自己动手制作宣传海报，设计广告宣传标语，对义卖物品列好一张清单，在卖出时做好记录。最后收入所得由本人意愿捐给爱心基金。
六年级	毕业秀	学生和家长一起结伴走过毕业生红毯，并在红毯终点处的留言墙上写下自己的毕业宣言、想对星海说的话、签下自己的个性签名。

二、家长助教系列

在学校实施课程改革、全面开设拓展性课程的今天，学校的师资力量捉襟见肘。而在教育多元化的今天，家长不同的职业背景、先进的教育思想和成功的育儿经验都是促进孩子们全面发展的有利补充。充分挖掘蕴含在家长身上的这些教育资源，为教育服务，定会收到良好的教育效果。基于这样的认识，学校广泛开展了"基于家长参与学校拓展性课程开发实施"的"家长助教"活动。

（一）招募"家长助教"

1. 学校对家长助教者列出了明确的招募条件：

（1）身体健康，具有正面积极向上的心态，富有爱心、责任心和为孩子、为家长、为学校热心服务的奉献精神。

（2）有一定的组织能力、语言表达能力和善于沟通的能力，有一技之长。

（3）能按时参加家长委员会会议，并积极发言，提出意见和建议。

（4）能摆正自己的位置，并充分发挥"桥梁纽带"作用。

2. 家长助教的口号：做孩子的榜样，和孩子一起成长！

3. 报名方式：凡志愿加入"家长助教"活动的，请到本班家委会主任处领取表格并填写报名表报名；统一汇总后，由教导处统筹安排到各个社团。

（二）星海小学家长助教参与课程改革活动的四种形式

1. 家长护苗队

每天上午上课前半小时和下午放学后40分钟，在星海小学附近，总有四五名家长，挂着红袖章，头戴小红帽，手拿小红旗在学校周边执勤。这些家长都是学校"家长护苗队"的成员。

原来，在校门口乱停车、乱掉头这些现象导致校门口上下学时段交通拥堵，给学生正常上学带来了不小的安全隐患。学校提出"爱心一小天，放心一学期！"家长志愿者活动，得到家长的一致响应。通过自主自愿报名，老师对其进行培训后上岗，全面参与维护校门口道路的交通秩序维护，护送学生安全过马路。

开展此项活动两年来，家长护苗队成员风雨无阻。通过"小手拉大手"，让家长在接送孩子上下学时间互相影响、互相教育，实现家长的自我管理和自我教育。既保障了孩子上学安全，又缓解学校门口的交通拥堵，筑起校门口安全带。

2. 代理班主任

"今天，我着实体验了一把当老师的感觉。一天下来，我才发现做一名班主任，尤其是一名能得到家长夸赞又深受学生喜欢的好老师，真的是非常不容易！"星海小学二（2）班葛俊希妈妈的一番助教感言，获得全班家长的集体点赞。

代理班主任是怎么回事呢？

原来，开学初，二（2）班班主任冯静亚老师要送女儿上北京报到，女儿未满18周岁，又是第一次出远门，冯老师放心不下，一边学校刚刚开学，班级事务繁忙。正当冯老师左右为难之时，有位家委会的家长提出："冯老师，要不让我们家长助教来代理班主任？"冯老师和校长沟通后，顾校长点头称赞值得一试。冯老师经过选拔，定下三位家长轮流进校园成为"代理班主任"。

三位家长助教安排好时间轮流进校园。家长们都尽心尽责，班级在家长助教的管理下有条不紊。开学典礼上有小朋友中暑了，李青笈妈妈让班级的副班主任管理班级，自己立马带孩子回教室，马上进行了相应的降暑处理。二年级的孩子比较调皮，细心的葛俊希妈妈发现有学生的脚指甲受伤了，马上带着去医务室进行包扎处理。

一天下来，家长百感交集。李青笈妈妈写道："当了一天班主任，让我有种累并快乐着的感觉，对于家长来说，这是一项值得体验的经历，因为我们可以看到孩子们完全不同于家里的一面——勤奋、努力、乖巧、懂事以及对同伴的友爱与热心。同时我们也深刻了解到老师为了我们孩子的早日成才所付出的心血和汗水。经过这次体验，让我心里充满对老师们的感激之情：谢谢你们，敬爱的老师！谢谢你们为我女儿成长所付出的一切!"班主任冯静亚老师笑着说,"都是一些家委会的热心家长哟!对她们来说也是一种别样的经历,看自己的孩子也会更立体些!"

3. 家长助教参与拓展性课程

星海小学家长助教参与课程改革的融合模式指紧紧围绕"家长助教与课程融合",在"请进来"和"走出去"的活动形式中充分整合资源。"请进来"融合指把家长助教请进来,利用他们的职业、兴趣、爱好、专业优势等,参与学校课程融合开发。"走出去"融合指和家长助教走出去,运用社会资源进行教育,促进学生身心全面和谐地发展。

(1)参与"星星社团"日常授课

"家长助教"是星海小学拓展性校本课程"星星社团"的一部分,帮助解决社团师资短缺问题。每周五下午的星星社团时间,自愿报名的家长助教进校园,或协助教师授课,或发挥自己的一技之长进行授课,或组织小组活动。家长进校园,参与拓展性课程,参与学校"星星社团"的教学与管理,让一部分富有爱心又有空暇时间的高素质家长走进校园,充分发挥家长的"桥梁纽带"作用。

(2)家长老师进"班会"

星海小学的班会课向全体家长开放,推出"家长老师进班会"活动。活动受到了家长的大力支持和小朋友们的热烈欢迎!家长老师们充分备课,制作精美课件和教具,上课生动、有趣、投入,孩子们听得聚精会神、津津有味,与家长老师积极互动。

二(1)班缪禹哲妈妈带来《预防感冒及采血体验》。缪禹哲妈妈是城关医院检验科的医生,讲课中告诉孩子们如何预防感冒,现场示范七步洗手法,随后安排了精彩的互动环节——模拟采血!小朋友们踊跃上台，在缪禹哲妈妈的帮助下有条不紊地模拟采血：绑压脉带、同心圆棉签消毒、采血、解压脉带、拔针头、止血。第一次体验当医生，孩子们既紧张又兴奋！课堂气氛活泼有序、高潮迭起。

二（2）班胡家豪爸爸特长爱好是象棋，班主任邀请他给孩子们带来了趣味横生的象棋课！胡爸爸耐心地讲解了象棋的文化渊源、各棋子摆放的位置和走法。"马走日，象走田，车走直线，炮翻山……"吟诵着朗朗上口的象棋歌，孩子们学得爱不释手。

（3）家长助教参与社会实践活动

"执子之手，共享自然"亲子毅行活动。新学期伊始，家委会和星海小学组织开展了"执子之手，共享自然"亲子毅行活动。在开学的前一天，学生与父母一道，用"行走"的方式来践行绿色、健康理念，也表达了"大步迈向新学期"的美好心愿。活动分成"高、低"两个年级段参与。一、二、三年级的同学参加"三公里亲子毅行"活动，四、五、六年级的同学将在校内进行 1.5 公里慢跑。家长纷纷表示，这次活动非常有意义，不仅锻炼了孩子们的意志，还极大地增强了孩子与家长之间的情谊。

三年级十岁庆生活动——帐篷之夜。由家委会组织各班家长送上精心准备的美食，举行自助冷餐会，家长代表讲述孩子成长故事，妈妈们分享怀胎十月经历，让孩子们懂得感恩父母回报真情。随后，家长与孩子共搭帐篷，孩子们进行操场集体露营。

星海小学的家长助教进校园，这种新型的家校共育方式，有利于充分挖掘和展现家长的资源优势和特殊才能，满足学生知识经验积累和身心发展的需要，促进孩子的全面和谐发展。家长助教参与学校课程建设具有十分重要的意义。

首先，对教师的教育教学能力、文化专业素质、沟通交流能力提出了新的要求，能促进教师的专业成长。

其次，对学生而言，让其有了更多的互动交流机会和自我表现空间，能以更宽、更高、更广的视角了解社会，拓展知识面。

最后，对家长而言，享有更多的知情权、参与权、监督权，提高育儿技能，使亲子关系更为融洽。家长参与学校课程改革的融合探索，能使家长对于教师的工作更加理解和支持，与教师建立平等融洽、相互信任的关系。这种立体化的融合方式，为学校、家庭、社会教育合力提供一条切实可行的途径，使家庭、社会资源更加优化。

三、爱心实践

星海小学的各级家委会坚持每学年开展各种"小星星送爱心"社会实践活动。家长志愿者和孩子一起献爱心，送平安。例如看望患病孩子和孤独老人，给城市美容师环卫工人送苹果，致敬医生、白衣天使、公交车司机……给过年期间仍在辛苦的工作者说一声辛苦，道一声祝福。"我们要教育孩子，今后做一个传承爱心的人，让人人都能感受到社会大家庭的温暖。"星海小学的志愿者家长说道。

杜鹃社区和家长助教合作举办水果拼盘活动。以家庭为单位，邀上三两好友，一个小团队就这么形成了。孩子们显得异常活跃，脑洞大开，不断尝试，做出了很多创意新颖、别具匠心的作品，如"孔雀开屏""花开富贵"等。现场还时不时传出"今天这个活动真好玩""我做的拼盘真好看""我要送给爸爸妈妈"等童真快乐的声音。

为弘扬"尊老、敬老、爱老、助老"的社会好风尚，提高敬老爱老意识，培养孩子们的动手能力，社区联合家长举行"喜迎九九重阳节，关爱浓浓敬老情"活动。孩子在家长的陪同下来到社会综合福利院，为老人送上了自己亲手做的汤包和浓浓的关怀。

全国爱眼日，宁海县卫生监督所和电视台的叔叔阿姨们为孩子们带来"预防近视从我'坐'起"的讲座活动。观看了由宁波市卫生监督所拍摄的主题为《良好坐姿与课桌椅管理》的微课视频。了解了什么样的坐姿才是正确的，也知道了写字的时候应该采用前位坐姿，看书、休息时要采用后位坐姿。接着，孩子们又认真地填写了《课桌椅配置管理及微课效果调查表》，还进行了小知识竞答，这次的活动让他们受益匪浅，大家都懂得了许多有关坐姿及预防近视方面的小知识。再如县卫计委联合学校二年级段举办"我愿是家里的暖心宝"班队活动。本次活动主要由两个趣味游戏组成。一是"妈妈，您辛苦啦"，旨在让孩子体验妈妈怀孕的辛苦，分男女同学两轮进行。利用气球模仿妈妈在怀孕情况下系鞋带、晾衣服、叠衣服等日常行为。二是"我是家里的暖心宝"。先选取一名自告奋勇者上台演示换尿布、泡奶粉。由专业的护士阿姨边演示边讲解，指出错误的动作，演示正确的方式方法，并且播放泡奶粉的视频进行学习。学习过后，每班选取一名同学在模拟做作业的情境下听到小宝哭声去进行换尿布、泡奶粉的动作。二年级年段"理解父母，关爱二胎"主题班队在有趣的游戏中丰富了学生的课外知识，提高了学生的认知，让孩子们能够在寓教于乐中感受母爱，感恩母亲，实现学校、家长、孩子三方共赢。

第四节　合作要点

家校合作、家校共育是当前教育领域倡导的理念，家庭和学校形成合力，才能确保教育理念落实到位。但在执行过程中，家庭与学校应该找到理性的合作方式，从而实现更好的合作。

一、保持理念传递的专业性

学校应发挥先行者的作用，高度重视家校合作模式的建设，提高现代家校共育的办学质量，坚持有目的有计划地开展系统而专业的教育理念传递、培训活动。

引导家长认识儿童的独特性，了解其成长的规律作用性，既不能忽视个体参与，要求所有孩子成长的步调一致，也不能揠苗助长，把超越自然成长规律的负担，强压在他们的身上，逼迫他们去实现父母的理想与愿望。

引导家长，习得正确的教育经验。父母教育孩子往往是靠经验，而这种经验是后天习得的，现在的读书中，独生子女家庭，几乎没有经验习得的机会，他们对孩子，很难做到有理性的爱，甚至可以说是爱过度；引导家长认知新的教育环境。在21世纪，电脑、互联网……新媒介的变迁，对当下儿童的影响可谓是空前绝后的，在新媒介的当下，家长要在承担保护儿童的责任的同时，让他们自主发展，授权和人生目标的指导，是孩子希望得到的。学校要培训家长，认知现实环境、教育环境的多样性，保护儿童自我自主发展的可能。

二、保持合作关系的适度性

我们可以关注到以下现象：学校布置了创造性的作业，比如进行社会实践、画黑板报、做手抄报、参与志愿服务、承担小课题研究。为了让孩子有一个好表现，家长们一起上阵，不少家长忍不住抱怨，这到底是给孩子布置的作业，还是给家长布置的作业。随着现代学校制度的建立，很多学校设立了家长委员会，但本是为了给学校发展建设建言、提出意见和建议，进行必要监督，可在执行过程中，不少家委会成员成了班级物品的"采买员""修理员"和"卫生清扫员"，家长们只能无奈感叹"没有个十八般武艺，都不能胜任家委会的要求"。

有人曾做过这样一个比喻，家校教育就好比一枚硬币的两面，脱离了哪一面，都是假币。建立良好的家校合作关系，一方面，学校要在制度层面进一步明晰家校的权利与义务，通过畅通的沟通平台，进行积极的家校互动，鼓励更多家长积极参与学校教学与管理，同时注意把握分寸感，避免越俎代庖；另一方面，需要家长们更理性地看待教育的过程，给予学校教育和孩子成长以充分的信任与空间，从而实现家校社合作的理性发展。

三、保持学生受益的首要性

在学生的学习和成长过程中，主要有三个背景：家庭、学校和社区，交叠影响域理论认为"家庭、学校和社区这三个背景实际上对孩子以及三者的状况、之间的关系发生了交互叠加的影响"，即学校、家庭和社区的活动单独或共同地影响着孩子的学习和发展。不容争辩的事实是，学生在他们的教育、发展和学业成功方面是主角。学校、家庭和社区的合作，并不能简单地保证学生必然成功。相反，家校合作的目的可能是吸引、指导、激励、激发学生自己取得成功。如果学生们感到有人关爱他们并鼓励他们努力学习，他们就会尽全力去学习阅读、写作和计算，学习其他的技能和能力，可以促进学生在参与中取得自己的成功。所以，在策划和实施家校合作活动的过程中，一定要坚持将学生放在首位，放在教育活动的中心位置，要让孩子们充分参与进来，让他们成为所有活动的最大受益者。

第八章

圆梦星海

　　STARS 教育，风雨数载，秉持着"日星日新，让每一颗星星都闪亮的"教育梦想，潜心修炼，渐入佳境。星海教师心怀教育事业理想，追求专业发展高度，崇尚师生个性张扬，与同伴携手共进。学校已然成为孩童成长之乐园，多空间成长体验绽放笑容，多选择学习生活张扬个性，多网络重构关系润塑人格。而孩子们逐渐彰显快乐自信、合作探究、环保交往，兴趣特长之特质。星海学子赞誉颇丰，深受家长和社会认可，学习潜力深厚，具有极大的爆发力。圆梦星海，我们永远在路上。

第一节　教师推动学校发展

一、心怀教育事业理想

（一）百年遗惠，凝聚崇尚个性教育的办学底蕴

　　星海小学创办于 2013 年，始建之初属于城中小学的分校区。城中小学初创于民国时期的遗惠女子学堂，距今已有 100 多年的历史。遗惠女子学堂倡导个性教育，曾造福一方。星海小学——星星的海洋，

每一颗星星都是发光体，自带光芒。"日星日新，让每一颗星星都闪亮"是"遗惠一方"的历史寄托，是一种精神，一种理想，一种目标，一种前进的动力，一座引领的航标。目前作为宁波市课程改革和智慧教育前沿颇有声望的学校，其成功的核心要素在于学校有一支心怀教育理想的优质师资队伍。星海的教师把教师这份工作当作事业而非浅层次的职业。教师把自我成长与学校发展，紧密融为一体。星海教师以实际行动传承历史的厚重，精心修炼自我，充分积累丰富教师个体成长经历，各类教师学习活动缤纷多样，成长平台路径也丰富多彩，教师对教育的热情和追求编织出了属于星海小学特有的教育梦想。

（二）星海名师，传播敬业爱岗的教师精神

星海名师是学校教师的典范楷模，有着专业引领的责任和义务，同时也享受特殊津贴的优厚待遇。这些有着专业最高荣誉的名师们，在学校工作的各个领域，发挥着传帮带的巨大作用，为所有的教师，做出了非常好的榜样和表率。

（三）志愿者行动，传递无私奉献的社会责任

星海的教师，每一个人都是一个有着高素质的志愿者，星海人将自己定位为一个可以为教师与事业做无私奉献的人，无论是时间、精力，还是那一份最为可贵的热情。老师自愿倾囊而出，每天守护孩子们上下学的交通安全，从不计较个人得失。并且在志愿者行动中，收获着快乐与成长，体验着一个教育人、一个星海教育人的崇高情怀。学生、家长、社区无一不是教师志愿者服务的对象，同时得到了同行、邻居以及领导的一致肯定。以志愿者为荣，勇于承担起属于每一个星海教师的社会责任，已经形成了属于我们自己的教育价值观、社会价值观，并在这种文化融合后形成了基因。因为星海的老师坚信，有境界自成高格。

二、追求专业发展高度

（一）等级评估，推动教师自主发展

随着教育改革的持续深化，对教育带来生机活力的同时，也给传统的学校带来教育冲击，这种冲击不仅体现在制度层面、观念层面，更直接地影响着优秀教师的稳定与流动问题。在当下绩效工资制度极为有限的空间里，如何最大限度地发挥教师的工作积极性是值得我们探索的问题。我们建立了教师等级评估制度，把教师分为见习教师、新秀教师、骨干教师、名教师四个等级。除设置基本评估条件以外，还有评估的具体标准内容，包含了学历要求、课堂教学水平、班级管理水平、现代教育技术应用水平、指导教师情况、研究课级别、课题立项级别、论文成果、获奖或发表情况、学生观以及学生与家长的满意度等，在教师专业成长的道路上，建立的具有星海特色的教师专业评估体系，有效地促进了教师专业的自主发展，进一步提升教师追求专业发展的自觉性与主动性，为所有教师搭建有效的专业成长平台。激发潜能，助推教师快速稳定地成长。

（二）四级导师制，激发全新活力

星海自有自己的教师培训机制，以"读研导三向互构模式"为基本架构的教师培养，形成了鲜明的特色，并在教师培养中起到了非常重要的作用，其中四级导师制是重中之重，成为优秀教师的重要培养方式和路径，四级导师制分别是名师工作室、名师带徒、骨干教师带徒、三年及以下新教师的"青年教师成长营"。教师按照专业水平的高低分别在不同的导师下进行培训。以课题式研究课堂教学以及教师专业发展，得到很好的培训效果。每一个教师都有自己的导师，有的教师既是导师又是学员，有的教师既有课堂教学上的导师，又有班级管理上的导师，呈现出一个非常庞大的师徒活动组。行走在校园里，每时每刻都会看到浓浓的师徒研课交流的场景，在有计划、有组织、有检测机制的导师制学校校本研训中，教师的学习氛围浓厚，专业成长速度与效能也得到了相当高的水平。学校老、中、青教师专业发展结构合理，成长迅速，效果明显，得到专业人士普遍赞誉。

（三）业务加分制，助力个体成长

学校需要依靠高素质的教师才能把教育理想转化为现实。为了促进教师的专业成长，帮助教师以档案的形式记载自己的学习成果，以分值的形式来衡量每位教师学习工作。业务学分是表示教师参与学习活动后的量化分值，教师参与学习活动后，学校将会以对应的分值的形式加以体现和量化。学分制度就是围绕教师学分并建立相应的评价体系。学分制度根据每位教师在学校内学习的不同途径和不同的学习形式，赋予不同的学分，通过教师自己的实际学习行为发生的情况，完成在校园网工作平台上的网络登记。分值的结果以及它所反映的每个教师学习行为次数的多少将作为学校教科室每个学期期末考核教师学习情况的依据。学分制共分为五个方面，分别是导师带徒、听课听讲座、主讲、评比发表和课题研究；其中评比和发表类的还分为教师获奖、指导学生获奖、教师发表和指导学生发表。学分制度的实施很好地提升了教师学习的主动性和自觉性，教师对于自己的学习专业发展有了自我的规划，同时学分制的网上登记平台，为每个教师实现教师专业成长个人电子档案袋建立，做出了非常好的前期工作，教师所有学习内容、数量以及成效等数据信息均有存档。完整呈现教师专业学习和发展的历史路径，也为优秀教师培养途径和方式研究提供了一定的依据。星海人对于教师专业发展的追求具有很高热情的同时，对专业高度的诉求也极为迫切。因为在星海，教师都明白：没有最好，只有更好。星海教师坚信，专业成就未来。

三、崇尚师生个性张扬

（一）包容大气的校园文化

学校秉承了遗惠的历史文化，展现大气包容的胸怀和理念。首先是硬件环境的大气，校园设施齐全先进，处处展现出大气沉稳的一面，学校所有的场馆全天候开放，教师阅览室、学生阅览室、风雨操场、电脑室、舞蹈厅、小星星农场、科技馆、陶艺室、乒乓室、篮球场、观摩教室等，学生可以随时进入参与学习，自主选择方便使用，均采用学生自助式管理。周末时间，学校大部分设施、室内运动场馆对社区开放。周末闲暇时间，漫步校园，随时可以看到学生、社区居民甚至单位团体在校园内锻炼娱乐，学校充满了浓浓的欢乐气氛。其实学校软环境也体现出包容大气的气质，学校的制度设计人文化，充满人文关怀：《教师等级制》打破了论资排辈的传统；《读研导三向互构》助推教师专业成长；《学分制度》实施有效的教师自习自主管理；《课题管理办法》充分鼓励老师进行教育教学研究，保证充裕的研究经费，等等。学校人际关系融合和谐，充满了正能量；师生关系平等民主和谐，学生的教师满意度调查、家长的教师满意度调查、学校学生的免试生评定、优秀表彰等均有量化指标，公开公正公平；教师具有正确的学生观、人才观，尊重关爱学生，具有非常浓厚的个性化教育理念和行动，教师之间的人际关系也十分融洽，充分构建了合作、悦纳和包容的氛围。

（二）个性特长的完美伸展

星海小学是一个充满个性的学校，无论是学生还是教师，都在一个宽松安全的环境里展示出独特的个性，展示着自己的才能。学校倡导个性化教育，个别化地对待每一个学生，无论是在课堂里，还是在活动中，教师都鼓励学生保持自己的思考，对学习和解决问题，保持创新的意识与习惯，为学生提供了个性张扬的机会、平台和环境。让学生可以在学校里选择自己独特的方式学习和发展，学校与教师为学生提供足够的支持。同事的悦纳、团队的合作无一不是展示着学校文化大气和包容的基因。学校始终认为，教师的个性张扬，是为学生提供个性体验的基础，只有教师不断追求自身的学习成长，修炼自信的人格魅力，才有可能在学生个性培养上得到充分的理解、支持和悦纳。所以教师在宽广的专业发展路途上也伴随着人性、品格和魅力的浸润，从而让学校的教师将自己最优秀的一面展示出来，成为学校一道亮丽的风景。

四、坚持同伴携手共进

我们营造团队合作的文化，是团队特别注重的，学科教研中我们观点相同，争鸣中求进步，学术观点百花齐放。无论年轻年长的教师都可以各抒己见，当仁不让；年级团队里我们群策群力，互助中谋发展，年轻教师协同共事无坚不摧。我们坚信团队的文化能够激励我们斗志昂扬，我们汲取团队合作的力量。师徒结对，我们虚心求教，获得专业引领；教学联谊，我们开阔视野，丰厚教育理念。我们坚信，团队的力量鼓舞我们不断向上，我们享受团队合作的快乐。教师团队，我们放松身心，提升生活品位；我们释放个性，塑造全新。我们坚信，团队的快乐陪伴着我们幸福启航，组建多维的教师合作共同体，让学生享受优化的教育资源。通过"教师合作走班、教研组集体备课、教师导师制、年级组负责制、教师团队拓展训练、青年教师成长营"等深层次合作的方式，成立多维度全覆盖的教师合作共同体，充分发掘教师资源，使学生享受到最优化的教育服务。星海教师的发展，可以说是一支团队的发展史，也就因为这样的团队造就了如今学校在基础教育领域的地位。因为我们始终坚持与同伴携手共进，所以，才能真正成就个人价值的真正实现，以及团队的最大成功。

与同伴携手共进还包括与同行之间的密切合作与交流。独木不成林，任何事业的成功都需要与同行之间的交流与合作，互相取长补短，互为启迪，开阔思路，才能更好地开创未来。星海小学在区域交流合作中实现了网络式的覆盖，同行政区县、同市、同省、都结交了一大批志同道合的结伴者，深入开展教育教学研究，互相学习研究成果，共同商讨课改发展途径与策略，共享优质资源，形成了良好的学校发展共同体。比如全国数字化教学示范学校联盟、浙江省学科数字资源基地、宁波市实验学校联盟等。坚持与同行伙伴携手共进，一直是星海学校治校的基本理念之一。

第二节　学校是孩子成长的乐园

一、多空间成长体验绽放笑容

星海小学有一个最基本的理念就是要使校园成为师生成长的乐园，这其中学生的快乐成长是核心，是学校一切教育活动的原点，是STARS教育研究之初所有星海人的追求。在全面进行新课程改革以来，学校更加重视用课程化的思想设计多样化的主题活动课程，为孩子们提供更加丰富的成长体验空间，在体验中收获成长的快乐，绽放成长的笑容。

（一）节日活动课程引领学生从课内走向课外

传统的学校必修课程学习，以课堂体验学习为主，STARS课程在规划和实践中特别推出系列专题活动课程，其中之一就是每个学年都有进行的科技节、艺术节、体育节、阅读节、文化节五大校园节日，分散在两个学期进行。其中科技节、艺术节为期一周，其他节日为一至两天。凡是五大节日活动当天，全天不再安排语、数、英等国家课程内容的学习。学生或一周或一两天，保证能全身心地投入到精彩纷呈的节日活动中。一个孩子在六年的小学生活中，每年都会经历不同主题的六个节日，极大地弥补了课内学习体验空间和时间的不足。孩子们在这些节日中，一方面能够将课内习得的书本知识进行实践应用和创新；另一方面，在实践活动中，无限满足了孩子交往和互相学习的需求，打破了课堂学习体验中，伙伴仅仅局限在原来的同班同学。在节日活动中，他可以和自己学长或学弟学妹们在一起，互相切磋技艺，学习了课堂内学不到的内容，还锻炼了交往的能力。节日活动课程所呈现的形式，不同于单一学科的课堂教学，它呈现的是围绕某一主题或唱、或跳、或说、或画、或弹、或写、或制作等系列活动，淡化了学科界限，拓宽了学习领域。同样的体验式活动让每位学生都能够自信快乐地在校园里成长，艺术节中学生们会表演课本剧，也会去看歌剧；科技节中孩子们研究鸡蛋如何摔不破，他们去探究更多的不可能完成的任务；文化节中当他们走进异国课堂的时候，就会引发他们了解异国文化、学习异国语言的兴趣；阅读节当他们爱听爱美丽的灰姑娘的故事，他就会喜欢上阅读。从此艺术素养、科学素养、阅读素养、探究欲望就在孩子小小的心灵里着了床，慢慢地滋长。同时，每次活动都会给孩子们很多与同学、与老师、与家长合作交往的机会，使校园真正成为孩子们的生活乐园。

（二）专题活动课程，引领孩子从校内走向校外

STARS 课程为学生提供丰富的学习成长空间，不只是局限于五大

节日课程。在课程设计中又进行了大胆思考，节日专题活动中孩子的体验空间还仅仅局限于校内，能不能把学生放到更大的社会空间去，让孩子们走进社区、走进广阔的社会课堂。伟大的教育家陶行知先生就曾说"社会即学校，生活即教育"强调教育教、学、做三者的合一。STARS 课程的设计和实施，经历了数年的实践和探索，采用五大专题研修课程，充分体现了这样的可行性，孩子在其中收获了他从未有过的快乐体验和成长。五大专题研修课程区别于一般活动的特点是主题鲜明，分年段实施，让每个孩子六年中分别经历五种符合身心发展特征的游学课程研修课程。在这些专题研修课程中，研修目标明晰，研修内容具体可操作，活动评价注重体验性，且通过周密的课程计划设计，与社区等社会机构，建立了良好的社会支持系统。特别是 4 到 6 年级"生存训练""国防教育""农事体验"三个专题研修课程是为期一周的封闭式课程。这一周学生吃住在基地，极大地锻炼了他们的自主生活能力，每当一周专题研修课程结束后，四年级孩子的爸爸妈妈们看到孩子能够自己叠被子。这些日常在家并不会做也不愿意做的事，经过一周的体验课程居然会了、愿意了，非常的感动。孩子们也在老师和家长的鼓励中，感受到成长的自信；在国防教育体验周中，学生就寝纪律一天比一天进步，食堂就餐一天比一天有序，集队速度一天比一天迅速，会议听讲，一天比一天认真，严格守纪，真正像个小军人；在农事教育体验周中，可谓内容丰富，分层参观了现代农业园、农耕馆、茶叶博物馆、茶叶知识讲座、植物细胞讲座、参与茶艺表演、挖番薯、小白菜种植、水稻收割、橘园野炊、野外露营等丰富多彩的社会活动，接受了农耕文化的熏陶，体会了劳作的辛苦与收获的快乐。提高了动手能力、合作能力和解决问题的能力，锻炼了意志品质，"耕读文化，诗书礼仪"深深印刻在孩子们的心中。

在专题研修中学校还整合了第二课堂实践基地、爱国主义基地的内容，将其纳入整个课程体系。不仅锻炼了能力，更重要的是通过专题研修，学生们体验到同伴互助合作的快乐。在专题研修中互助合作小组互相取长补短，查阅资料，设计研修计划，开展研修，进行反馈评价，每一个环节都离不开同伴的支持，感受到集体的温暖。所以，孩子们总是脸上挂着笑容，说起自己参与活动的体验，总是一套一套的，特别自信和阳光。我们想，孩子的积极变化是和这样的充分拓展体验学习空间是分不开的。

（三）双师课堂，引领学生从家乡走向更广阔的世界

"国际游学"和"联谊访学"现在不再是新鲜事，但并不是所有家庭的孩子都能够体验这种学习方式。STARS 教育能够走在前位，双师课堂可以弥补这个缺憾。星海小学与新西兰丘吉尔公园小学是友好合作学校，为共享中新有效的教学资源，进一步提升两校学生的综合素质，中新双师在线课堂在星海小学直播教室开展。课堂伊始，来自新西兰丘吉尔公园学校的高级教师和星海小学的对接老师，互相介绍了自己和各自的班级，并邀请两位学生致简短的欢迎词。接着，听老师以奥克兰 2021 年美洲杯帆船赛为背景简单介绍了 STEM 课程——帆船制作大纲。并让两校学生在老师的引导下做计划，学生通过回顾之前网上搜索的数据，并思考制作一艘帆船的最佳方案，并在小组活动中讨论和交流，随后中新双方学生通过网络视频实时分享各自小组讨论后的船只设计方案，并记录在设计模板单页上。两校学生在开放热烈的学习氛围中各抒己见，畅所欲言，加强了他们之间了解的同时，也建立了深厚的友谊。中新双师在线课堂，以新西兰教师为核心，中方学生通过观看课堂直播与新方学生共同开展 STEM 创新实践课程，通过实时互动反馈，全方位培养学生的创新思维和动手能力。这样的学习方式将

STEM 创新研究性学习的精神内核融入学生校本课程建设中，促进课堂教学转型升级，实现多学科之间的融合和优势互补，为孩子的成长提供了最大的空间支持，这是单一的单位教育所不能完成的。

二、多选择学习生活张扬个性

长期以来，我国基础教育课程几乎被必修课占据，再加上班级授课制形式，个性化教育教学比较缺乏，这也正是我们课程探索的一个重要方向，充分尊重学生个性，实施个别化教育教学，助推学生个性化成长。STARS 课程的设计和实施，为学生的学习生活带来更多的自主选择，提供了更多展示自己个性的舞台。

（一）自主选择课程内容与学习方式

STARS 教育课程目前已经开发了五大门类四十多个社团选修类课程，这些社团选修类课程充分满足不同学生的兴趣爱好和发展需求，可谓为学生提供了一盘"学习的大餐"。所有学生进行开放选课，每位学生可以自主选择，进行尝试学习，一年以后可以根据自己的学习情况调整学习方向，也可以向学生提出自己希望开设什么课程内容，学校尽可能通过内聘和外聘教师来满足学生自主选择课程内容的需要。

除了让学生自主选择多样化的社团选修课程内容外，学校还重点就班级授课制的模式创新进行了改革和实验，让学生的学习方式变得多样化。采用"探索发现型""自主探究型""分层教学型"等多种方式，克服了班级授课的弊端，并充分结合现代化教育媒体和新技术的应用，促进了学生在班级授课背景下的个别化学习，充分体现STARS 教育优势，采用适合学生合作学习的教学设施，设计教室内多个展示平台，进行专门的合作技能培养。开展专项的合作学习教学研究等方式来提升学生合作学习的有效性，使得合作学习成为学生学习的常态，从而提升学生与他人相处的交往能力。

（二）自主选择学习时间和空间

学生选择时间和空间的自主性，主要体现在艺术节和科技节的课堂超市以及综合能力测试中。既然要重视学生的个性，充分实施个性化教学，那就要尽可能地为学生创设更多的自主选择学习时间和空间的课程设置。在 STARS 课程架构中，艺术节和科技节都设置了半天的课程超市，比如，艺术节设置了舞蹈世界、美术欣赏、神奇陶艺等十大主题供学生自选；科技节设置有科普论文、模型制作、小小魔术、科学实验等十大主题供学生自选，每个大主题分别开出四个教室，由不同的两位老师进行授课，所有的学生开放选择。同样是"小小魔术"，可能有的孩子喜欢甲老师授课，有的同学可能喜欢乙老师授课，有的先上"小小魔术"再上科普论文，这就是为学生选择学习的空间和时间，提供了更大的自由。

STAR 教育评价体系中有一项研究性学习为主要方式的综合能力测试，传统上的必修课程测试主要是纸笔测试，过重地倾向"知识"是其最大的弊端，很多综合应用知识解决问题的能力，以及合作交往、情感态度等价值观没办法在纸笔测试中体现出来，缺乏个性。在综合能力测试中，学校在每学期末会指定一个下午进行，将学生的知识技能检测内容综合地设计到某一个主题任务中，其中包括语文、数学、科学、美术、音乐、品德等学科的知识技能，学生需要通过对各类知识与生活实际紧密联系并综合地加以应用，去解决一个或几个问题，这一过程中检测学生的知识水平和技能水平。面对这份测评卷，学生用一个下午的时间去完成，可以一个人独立完成，也可以选择同伴组成一个小组完成，甚至也可以跨年级选择内容参加测试，或者选择不参加。在全校学生进行综合能力测试的时候，学校的各个部门、各任课老师均在办公室"待命"，接受学生的咨询，学校所有的学习资源，如图书馆、阅览室、电子阅览区、实验室、音体美教室等各专用场馆、教室均开放，提供给学生可以利用的一切学习资源，供学生解决问题，查找资料所用。这样的综合能力测试，学校为学生选择学习时间和空间，都提供了最大的自主性。

（三）自主选择机会与平台，充分展示个性自我

尊重个性，就要为学生创造自主选择机会和平台。STARS 教育的课程设计和实施以来，"艺术节""大队干部竞选"等都为学生搭建了一个大大的舞台，在为时一周的艺术节中，利用晨间和午间的闲暇时间，每一个孩子只要有意愿，都可以申请在校园的任何一个地方进行才艺秀的展示。艺术节更有一位艺术特长生，因为歌唱得特别好，主动向学校提出可不可以借用学校的音乐厅，举办一场个人音乐会，这个想法得到了学校的大力支持，最后在孩子家长以及学校老师的共同努力下，个人音乐会办得非常成功，不仅展示了学生的个人艺术特长，更在孩子成长之路上留下了深深的印记。大队部干部历来不简单，不是由班级推荐，而是学生自荐，每个孩子都可以参加竞选通过，自荐竞选演讲，全校一千多名学生民主投票过三关，着实不易，每两年进行一次，每位大队干部候选人通过学校电视台向大家介绍自己的特长以及为大家服务的热情。他们的竞选稿有的虽然略显生涩，但勇气可嘉；有的绘声绘色，赢得掌声一片。当进行全校民主投票时，看着候选票上的候选人名字，队员们都难以下笔，因为每一个候选人都非常优秀，都有一颗为全体少先队员服务的心，每次都经过再三斟酌，才为自己心目中的小干部投上神圣的一票。

在这些活动中，其实每个孩子都是一位自主参与者，如果你没有站在舞台中央，那你一定是一位忠实的观众，因为学校的每一寸土地

都是孩子展示自我的舞台。

（四）科学的多元评价，助推学生个性化发展

STARS 教育课程实践中对评价改革进行了多元化的探索，改变单一的教师评价为主体，以纸笔测试为主要评价方式，以学业为主要评价内容的传统评价模式，而代之以"教师、学生、家长"为多元评价主体，以借情境化测试、综合能力测试、档案袋评价、课堂观测、阶段、学情反馈等多元的评价方式，以选修课和必修课相结合的评价内容，对学生进行质性的、全方位的评价，使不同个性的学生都能够得到差异化的评价和积极正面的引导。学校坚持对学生多元评价，学生在这个过程中，变得更加了解自己，更加自信，更加懂得与人交往，懂得在真实情境下解决问题，在我们为学生组织开展的各类活动中，学生都能在自己擅长的领域，充分展示自己，得到了锻炼和发展。而我校教师也在坚持对学生评价多元化的同时，更深刻地领会到课程改革的精神，在肯定学生差异、发展学生差异方面做了大量细致的工作，充分体现了我们以"STARS 教育，让每一颗星星都闪亮"的特色化办学理念得到了家长和社会的认可，我们坚信，每一个孩子都是上帝的宠儿，都是独一无二的，唯有多元评价才能助推孩子的个性化发展。

三、多网络重构关系润塑人格

（一）重构师生关系：以师道人格影响孩子

师生关系是学校教育环境占主导地位的其中一个方面。长期以来，以应试教育为主体的传统教育，把教师摆在高高在上的位置，所谓"师道尊严"就是让孩子畏惧自己的权威，被动接受自己的教诲，学生毫无个性发展的空间。教育是师生双方互相作用与影响的活动，"STARS 教育"倡导师生间保持民主、平等的关系，互相尊重。教师

不是以权威使学生畏惧，而是用自己的师道人格魅力影响孩子。

学生是学习的真正主人，STARS 教育中学生和教师的交往时间增加了，交往空间拓展了，师生之间的感情交流也增强了。教室里不再安排讲台，教师可以自由融入学生的学习，随时对学生进行教育教学。实施 STARS 教育，教师在教室里工作与学生真正实现了零距离接触。在融洽的关系中，教师的一言一行都对学生产生影响，学生的学习生活也成为教师的关注点。可以说，在 STARS 教育环境下，教室不再是传播知识的地方，而是师生之间传递感情、分享生活、实现成长的地方。

STARS 教育的课堂，充满着尊敬个性的色彩，教师在教学中会关注各个层面学生的发展，通过教学目标的分层，课堂作业的分层，实时指导的分层，使每个学生都能得到能力发展。师生间平等的地位，促进了师生间的交流。教师在与学生的交往中可以发现学生的兴趣爱好、个性特点和能力等诸多方面的差异，以便在教学中有针对性地因材施教，取得教学的高效率。

星海有许多丰富多彩的活动，教师与学生一样都会尽情地参与活动，用自己的活力感染学生。艺术节上，教师和学生一起表演节目，一起参观美术馆，享受艺术的魅力；英语节上，教师会穿上动漫人物的服装，与学生一起狂欢；科技节上，教师与学生一起制作环保服饰，在舞台上展示。教师的角色，不再局限于传道授业解惑，而是成为学生的朋友，共同享受活动带来的快乐，最好的教育不是教师喋喋不休地向学生灌输大道理，而是身心投入与学生玩在一起，用自己的人格魅力感染学生。

学生喜欢自己的老师，很多时候是因为老师有真本事值得崇拜。实施 STARS 教育的星海会努力创设平台，千方百计展示教师的个人才华。一年一度的我最喜欢的老师的评选，充分尊重学生的选择，教师现场展示才华、发表演说，学生自主投票。艺术节开设的教师书画展，把教师的美术作品布置在校园显著的地方，让学生充分感受教师的艺术才华。选修社团，让教师的个性才华得到进一步开发，历史文学、陶艺绘画、数学天文、地理模型，丰富的课程让学生得以领略教师的才华，让学生更加崇拜自己的老师。

在星海，老师从来不是"严肃"的代名词，而是学生真正的良师益友，教师用自己的人格魅力影响学生，教育在无形中进行。

（二）重塑同伴关系，以积极而友善的心态交往

班级是学生天然的交往场所，有着家庭无法取代的作用。学生到学校里来，不仅要学习知识、技能，更要学会交往，"我们会交往"是星海推崇的学生重要特质。自从实施 STARS 教育以来，一直提倡自主合作探究的学习方式，教室摆放一改以往的秧田式的方式，灵活多样的摆放形式，更有利合作学习的开展。课堂教学中教师十分注重学生合作探究能力的培养，不仅关注合作效果，更关注合作的过程。团队游戏室，富有特色的校本课程，每周三下午第二节全校学生一起开展团队游戏课。团队游戏旨在培养学生团队合作意识和能力，为学生能很好地与同伴交往打下基础。团队游戏分为环境适应、意志责任、竞争合作、沟通交流、创新合作五大类，按年级编排序列，使教师的指导更加有效。团队游戏的核心环节是反思，学生畅所欲言，表达自己的见解。在团队游戏中，学生会以自己友善的心态与人交往，新型的伙伴关系得以建立。星海的各大活动，教师都会对学生进行分组，提倡以小组为单位开展活动。春游活动，小组成员有自己商量准备的食物，在活动中互相分享。假日小队活动，伙伴们自由组队，开展丰富多彩的活动。综合能力测试，小组成员面对问题，共同商讨策略，在不同的分工下合作完成任务。可以说，擅长合作交往是星海学生的特质。

伙伴互评是学校评价体系的一大特色。学校力求通过伙伴之间的互相评价，共同促进伙伴间的了解，也希望树立学生听取伙伴意见的意识和习惯。学校每学期期末都要进行"星海之星"评优活动，伙伴评价就是评优中的一大板块。每位学生需要在全班同学面前发表演说，说明自己申报的奖项和申报的理由。演说完毕后，同伴会对参评的人进行评选，真诚地说出优点和不足。在星海，各项评比都会设置伙伴互评的环节，希望通过互评的方式进一步促进伙伴间积极友善的关系。

在星海，同伴间更多的是积极友善的合作关系，而非你争我夺的竞争关系。学校力求在教育教学、活动组织等各个方面渗透交往意识、合作能力的培养。

（三）重定家校关系，将家长定位为老师的同事

学校和家庭是孩子接受教育最主要的两个场所，家校关系是否和谐，对孩子的成长有着很重要的意义。学校和家庭在教育思想上不统一，家校之间缺乏交流与联系，是家校关系中突出的问题。实施STARS教育的星海非常重视家校关系的经营，提出了"我们的孩子，我们共同来教育"的家校合作理念，把创设良好的家校共育氛围作为教育工作的重点。星海的老师努力使家长成为自己的同事，家校合力促进孩子的发展。

沟通与交流是家校合作的关键，我们一直致力于建立家校沟通与交流的渠道。每年新生入学或是教师新接班班主任都要与任课教师一起到每户学生家庭进行家访，详细了解家庭教育情况，向家长详细介绍STARS教育的理念与特色。每个学期教师还要不定期地进行家访。家访时教师会做充分准备，携带学生成长档案和与家长沟通，并记录家长提供的信息与材料以便及时调整教育策略。定期举办家长会也是家校沟通的好办法。学校每个学期会举办三次家长会，学期初的家长

会重在与家长沟通本学期的培养目标，以便家校达成共识，一起为培养目标努力；期中家长会重在宣传学校办学理念，通过专家讲座的形式，将 STARS 教育理念渗透到家长心里，实现家校共育的良好局面；期末家长会则会以一对一的形式开展，每位家长单独与教师沟通，使交流更具针对性。除此之外，每学期学校还要开设家长开放日，让家长近距离走进课堂，走进孩子的日常生活。一学期为课堂教学观摩，一学期为综合实践活动、团队游戏等校本课程观摩。现场观摩使学校办学理念得到生动的诠释，使 STARS 教育更加深入人心。

家访、家长会、家长开放日等活动属于阶段性的沟通方式，而《小星星成长手册》的使用，则是将家校沟通变为常态。《小星星成长手册》里包含班级公约、个人学期目标、作业记录、心情日记、家校留言、评优表等内容，详细记录了一个孩子一学期的成长足迹。家长可以随时将孩子在家里的表现反馈给老师，老师也可以随时将孩子在校情况进行反馈，一本《成长手册》就像一座桥梁，连接起学校与家庭的沟通。

充分的沟通与交流，使家长对学校的育人理念有了深入的认同，充分激发起家长参与学校育人活动的热情。学校成立了班级家长委员会，每个班级再推荐一名家长进入校级委员会。家长委员会分活动组、后勤组、教研组、形象组，各司其职，互相配合，成为家校合作的重要力量。学校各种大型活动，总能看见家长忙碌的身影。科技节、艺术节，家长志愿者担任活动的组织者，与教师一起为学生服务；新年送祝福、跳蚤市场、亲子运动会等，家长忙前忙后，使活动井井有条；各大开幕式，家委会成员集体亮相，高歌一曲令人耳目一新。在星海，每一位教师努力扮演家长的角色，无微不至地关心孩子；每一位家长努力扮演教师的角色，共同承担起科学教育孩子的责任。以开放的心态接纳家长对学校规划、教师评估、课程设置等提出的合理化建议；成立家委会，开展多种形式的家长会，畅通信息渠道，重视家长心声；让家长有多种渠道直接了解学校和学生发展状况，鼓励家长参与学校教育；创设"我们的孩子我们共同来教育"的良好氛围，形成家校共育的合力，使学生健康成长。

学生进入学校必然与周围的一切人发生着关系，民主平等的师生关系、积极友善的同伴关系、合作共赢的家校关系的建立目的只有一个，那就是为了孩子的幸福快乐、科学健康地成长。学校不是制作零件的地方，而是润塑人格的地方，学校力求从多网络的角度重新建构孩子的人际关系，使孩子在交往中学会做人。

第三节　每个孩子都是成功的自己

一、快乐自信是我们的标记

走进社区、生存训练、学军、学农，我们走进社会大课堂，感受生活的快乐。走进社区，我们学会了如何绘制一幅地图，如何辨别方向，体验了当电视新闻小主播的滋味；生存训练，我们懂得了怎样避免各种意外，了解药品、食品的安全知识；学军，我们在站军姿、列队和野外拉练等训练后，个个都是挺拔的"小军人"；学农，我们磨豆浆、摘果子，个个都是勤劳的"小农民"，我们烧菜做饭，个个都是娴熟的"小厨师"；我们制作木工、包装礼品、制作陶艺、百拼电子，个个都是"能工巧匠"，我们在社会这个大舞台中，学到了知识，懂得了与人交往，在体验中感受生活的快乐。

亲子活动中，我们感受亲情的快乐。我们跟爸爸妈妈一起，在集体制作个性化的水果拼盘；在胡陈文化村捣乌米麻糍，在西子国际欣赏《战狼2》，互写贺卡；在桑园里摘桑葚，吃樱桃；在野鹤湫溪水里捉螃蟹，打水漂；在双峰森林公园研究地图，寻找宝贝；在农夫乐园烧菜做饭，在杜鹃山"亲子毅行"……山水之间，放飞心情，尽情感受亲情的快乐。

团队游戏中，我们感受合作的快乐；志愿者活动中，我们感受奉献的快乐；十岁成长礼上，我们感受成长的快乐。每一个时刻我们都不曾忘记，因为学校是我们幸福成长的乐园。

我们自信会表达，课堂上发表见解侃侃而谈。在语文课上，我们展示抑扬顿挫、声情并茂的朗读，我们展示入木三分、细致入微的人物分析；数学课上，我们思维敏捷，反应迅速，我们就是数字王国的主人；英语课上，我们将一篇篇小短文改编成一个个情景短剧，摇身一变变成了 Amy、Sam、Daming；科学课上，我们又能用规范的科学术语描述天气情况、动物生长过程；还有音乐课、美术课、体育课，形形色色的选修社团课、俱乐部课程等，我们在课堂上都能够自信大胆，侃侃而谈。

我们能号召，评比竞选演讲，落落大方。大队干部竞选，我们或诙谐幽默、或诗情画意、或奇思妙想，个个都散发着自信的光芒；"星海之星"评优中，我们能正确认识自己，落落大方地介绍自己的优点和不足，真诚而自信；讲故事比赛、经典诵读比赛中，我们又能面带微笑、流畅表达。我们自信，我们是星海小星星！

我们敢表现，画展、会演，争当先锋。我们敢表现，教室里有我们的画展，中国画、版画、水彩画、素描等，张张都个性十足；连廊里有我们的作品，图画、书法，每幅作品都绽放出我们的自信；陶艺社有我们捏的泥巴，各式各样的泥塑桥、奇形怪状的小动物，每件雕塑都透露着我们自由大胆的想象；班班有歌声，我们昂首挺胸自信地唱出我们的歌声；公开课，我们聚精会神、大胆地表达自己，赢得台下老师的阵阵掌声，我们是星海小星星，举手投足间我们都用自信来感染着他人。

二、合作探究是我们的风格

我们爱探究，探究是我们的爱好。我们爱探究，交通工具的变革、住宅的变化、通信工具的发展、桥的变迁等，都是我们的探究对象；我们爱探究，我们体验科技大篷车，思索每一个奇妙的科学现象；我们爱探究，低碳科技馆、水利博物馆、生态农业园、模具生产基地、垃圾填埋场，都是我们的探究地点。我们爱探究，我们在课堂中探究科学名人的故事、研究垃圾分类、制作模型、探索魔术的奥秘、研究如何变废为宝；我们爱探究，一年级时，我们在爸爸妈妈的帮助下不断尝试、不断改进，想方设法设计鸡蛋的保护装置，让鸡蛋摔不破。二年级时，我们通过查资料、动手实践、开动脑筋，在一分钟内，让纸杯高塔尽可能地高。三年级时，我们绞尽脑汁研制各种吹泡泡工具和溶液，让泡泡吹得尽可能地大。四年级时，我们独立进行纸飞机的制作，研究考虑各种形状和结构对飞行距离、方向、稳定性等的影响，让飞机飞得尽可能地远。五年级时，我们利用废弃材料制作降落伞，让降落伞带着重物置空时间尽可能地长。六年级时，我们探究桥的力学知识，千方百计设计、制作纸桥，让纸桥能够承载几百克甚至更重的小车。"为什么"是我们的口头禅，我们怀揣着打破砂锅问到底的精神，向着真理一步步迈进，我们是爱探究的星海小星星。

我们会合作，合作是我们的乐趣。小组合作学习，你发言，我记录，他制作道具，各司其职，讲究效率，共同汇报，共享佳绩。小组合作的学习模式，能充分激发和调动学生学习的兴趣和主动性，提高自主学习的能力，把课堂还给学生，学生不再是观众，而是学习的主体，教师的教学设计必须考虑在课堂上能给予学生有充分充足的时间阅读、思考、交流、讨论，使学生在合作学习的过程都悟到学习的方法，既提高自己的学习能力，也提高自己的学习效率。通过小组合作学习，既能使课堂学习生活生动有趣，又可以使学生的学习兴趣昂然，取得较好的学习效果，而且在小组合作的过程中可以锻炼学生的意志，使学生聪明才智得以充分发挥，也能够使教学效果得到有效的提高。集体游戏中，小组合作的意义更为凸显，可以最大限度地发挥小组的整体功能，因为有些游戏依靠个人的力量无法完成，还有一些学习能力较差的学生也无法独立完成，这需要发挥集体的力量，使学生在互帮互助、集思广益的前提下，进行观察、思考、讨论，寻找答案，解决问题。

三、感恩交往是我们的乐趣

我们擅交往，交往是我们的期待。我们喜欢走班学习，喜欢和不同年级不同班级的伙伴在一起。学校一、二年级实行学生选课教师走班，选修课时间为 35 分钟，3 到 6 年级实行选修社团课，时间为 90 分钟。这些丰富多彩的课程是我们的最爱，热门的课常常成为大家抢夺的对象。走班学习，扩大了我们的交往范围，加大了同学间的互相影响，有利于增强同一层次学生之间的竞争意识和合作意识，扩大了师生、生生交流的机会，也使以往教学中难以做到的因材施教的原则得到充分实施。教师也可以具体情况具体对待，灵活变动教学内容使原本固定的班级授课制形式下难以发挥的学生潜能、磨灭学生兴趣的现状有所改观，解决了有的学生"吃不饱"、有的学生"吃不了"的矛盾，避免"两极分化"的"恶性循环"。

　　爱心跳蚤市场星海坚持数年，从全校各班征集来的各种物品，把临时展厅挤得满满当当。引发热心队员们的阵阵"哄抢"。毕业班学生们贡献出比较新的校服，低年段的家长只要喜欢，随时可以前来认领。凭着自愿原则往捐款箱里献点爱心。学雷锋需要一定的载体，通过这样的小活动，我们倡导对资源的二次循环利用，同时培养学生的社会责任感，也无形中播撒雷锋精神的萌芽。教师节，全校1800余名少先队员在大队部的倡议下，开展了"寻访过去的老师"等一系列教师节庆祝活动，每位队员找到了曾经教过他们的老师。一年级新同学们还在爸爸妈妈的带领下，寻访了幼儿园老师。队员们和曾经教过自己的老师们一起聊聊家常，畅谈收获，向老师们送去节日的祝福，表达了绿叶对根的情意。春节前，每逢这一年的最后一天，星海的小星星们就会带上自制贺卡，带上小礼物，把我们的祝福和感恩带到各行各业，莲福老年公寓的老老少少一片欢声笑语；妇幼保健医院的医生护士们，挂上了我们亲手佩戴的红领巾；126路公交车上的叔叔阿姨们，收到了我们亲手制作的新年卡，我们明白了赠人玫瑰手有余香的道理，把新年的祝福带到千家万户。校园爱心的传递，让我们在不断奉献中学会了感恩同学、感恩师长和感恩社会。

四、兴趣特长是我们的追求

　　我们有特长，兴趣特长是我们的追求。各式各样的选修社团课，是培养我们兴趣爱好的"沃土"。选修课有小球世界、与球同乐、快乐足球、地壶球、羽毛球、灌篮高手等共51门课。音乐厅舞台上我们能歌善舞，每年的班班有歌声，更是我们一展身手的时间，每个班都挑选了自己最拿手的曲目，既有活泼快乐充满童趣的、又有深情感怀的，就连朝鲜族的传统歌谣也款款登场，同学们用醉人的歌喉，甜美的笑容，一次次诠释自己对艺术的理解，同时也显示出各个班级最佳的精神状态，听得评委老师和前来观看的来宾朋友们意犹未尽。班级书画展，我们泼墨挥毫，我们的画栩栩如生，画得非常精细。许多来参观的同学老师看了之后都不由自主地感叹："画的真好呀！"我们的书法隶书苍劲有力，楷书优雅文静，那淡淡的墨香令人陶醉，每次都令参观者赞叹不已。田径场上我们驰骋奔放。在浙江省校园足球联赛宁波赛区以顽强的拼搏精神和优异的道德风尚，一举夺得女子丙组一等奖和道德风尚奖，展现了星海运动员的实力和风采，用拼搏和汗水彰显了"更快、更高、更强"的奥运精神。科技节中，独领风骚，让鸡蛋从二楼落下后完好无损，挑战不可能完成的任务。比谁吹的泡泡最大，只有你想不到的大，没有你吹不到的大。参与科普知识竞赛、盆栽养殖、小制作、小发明、撰写科技小论文以及游历科技馆活动等。我们自己开动脑筋认真参与，踊跃挑战，尽情遨游在科学的海洋里，经历了一次又一次探索科学奥秘的美妙过程。

学校的发展造就了一批批的小明星，日日有星日日新，真正践行了"日星日新，让每一颗星星都闪亮"的办学理念。就因为星海的开放与个性张扬，实施 STARS 教育，学生的发展能真正找到自己的方向，并且将特长发挥得淋漓尽致，优秀学生层出不穷。在 STARS 教育的环境下，学生的学习和发展得到了更为平衡、更为立体的自由施骋的空间。学生的学习能力很强，广受升学初中教师的好评，成了初中的优秀学生。学校的办学成果，得到了业内人士的高度评价，学校的发展态势稳健而有张力，开创了 STARS 教育的美好未来。

学校特色发展之路没有最好，只有更好。只有怀揣教育梦想的人，才有可能走得更远，走得更精彩。圆梦星海，我们永远在路上！

后记

感恩际遇

STARS教育学校特色发展之路是一项有着长远规划、大跨度的理论实践，虽然已经走过了六个年头，但是我们觉得仅仅只是起步，刚刚揭开了"STARS教育"实践研究的序幕，正式步入内涵和深层次的改革与实践中。事实上，作为有情怀的教育人都有共同的梦想，也都有自己非常清晰的未来学校发展的理想蓝图。然而现实的艰难和残酷又唤起了有梦想人的欲望和追求，如何在深化课程改革的大背景下，将现实与梦想连接；如何架起传统与现代、当下与未来的桥梁，是校长最为纠结的心头之痛。所以路还很长，我们的追求还在继续。

我一直认为自己是个福人，总是在对的时间里遇见对的人、做对的事，在我生命的段段历程中留下片片灿烂和美丽。所以我感恩，感恩际遇生命中的人，感恩际遇经历过的事。

感恩金慰祖老师，是他给予我机会参加浙江省第五期教坛新秀研讨班脱产培训三个月，拜于汪潮教授门下，有幸结识了众多语文教学名家，为我的语文教学打开了一道专业的大门，从此开始了不一样的教育人生；感恩刘永宽老师，在初任校长担忧、惶恐、不安之时给予我无数激励、帮助和实践性的指导，让我一步一个脚印走到了今天；感恩戴余金老师，当我醉心于教育实践却徘徊于教育理论之外困惑、迷茫之时，亲自登门鼓励我将实践总结、提炼成书，当时我觉得那么不可思议、遥不可及，而如今这一切正在变成现实；感恩陈方梁老师，虽然当下读书的人少了，写书的人多了，可写书并非对每个人都是件容易的事情。实践践行易，理论提升难，几易框架结构幸有陈老师的悉心指导，终得比较满意的思路图；感恩在我任职中的两任局长——蒋善棋局长和陈开南局长，是他们给予我无比的信任和大力的支持，使我有信心、有勇气朝着既定的目标勇往直前；感恩我的家人和最初32 人到现如今的 102 位星海同仁，是他们的一路相伴相随，让我际遇了如此丰富的教育时光，邂逅了许多生命中的精彩。

本书经过两年时间的思考酝酿，几易其稿不敢懈怠，虽成果不足为奇，但本着虚心务实、谨慎思辨的态度，完成了书稿的撰写与修改。书中引用了学校大量的教育教学案例、课程实施资料以及老师们的原创材料，不能悉数注明，在此表示歉意和深深的感激。同时，光明日报出版社的编辑老师为此书的出版也付出了艰辛的劳动，在此表示衷心的感谢。本书出版受到 2018 年宁海县教育局优秀学术研究资金资助，特此感谢！

STARS 教育，实践有待完善，理论更待深入；期待共鸣，更期待争鸣。